聂耳传

不愿做奴隶的人

[日] 冈崎雄儿 著
李玲 译

新星出版社　NEW STAR PRESS

Uta de kakumei ni idonda otoko
by Yuji Okazaki
Copyright © Yuji Okazaki 2015
All rights reserved
Originally published in Japan by Shinhyoron Publishing Inc.
This simplified Chinese edition published 2019
by New Star Press Co, Ltd., Beijing

图书在版编目（CIP）数据

不愿做奴隶的人：聂耳传／（日）冈崎雄儿著；李玲译．
—北京：新星出版社，2019.7
ISBN 978-7-5133-3602-4

Ⅰ．①不… Ⅱ．①冈… ②李… Ⅲ．①聂耳（1912—1935）－传记 Ⅳ．① K825.76

中国版本图书馆 CIP 数据核字（2019）第 118497 号

不愿做奴隶的人：聂耳传

[日] 冈崎雄儿 著　李玲 译

责任编辑：	孙志鹏
责任校对：	刘　义
责任印制：	李珊珊
装帧设计：	冷暖儿

出版发行：	新星出版社
出 版 人：	马汝军
社　　址：	北京市西城区车公庄大街丙3号楼　100044
网　　址：	www.newstarpress.com
电　　话：	010-88310888
传　　真：	010-65270449
法律顾问：	北京市岳成律师事务所

读者服务：010-88310811　　service@newstarpress.com
邮购地址：北京市西城区车公庄大街丙3号楼　100044

印　　刷：	北京美图印务有限公司
开　　本：	710mm×970mm　1/16
印　　张：	18
字　　数：	230千字
版　　次：	2019年7月第一版　2019年7月第一次印刷
书　　号：	ISBN 978-7-5133-3602-4
定　　价：	49.00元

版权专有，侵权必究；如有质量问题，请与印刷厂联系调换。

聂耳创作的《进行曲》(即《义勇军进行曲》,田汉词)手稿,原载中国留日学生1935年在东京出版的《聂耳纪念集》

1932年,聂耳摄于上海

序

中国传唱最广的歌曲，当然是中华人民共和国国歌。1935年，《义勇军进行曲》作为影片《风云儿女》的主题歌，经影片放映、电台广播、唱片播放、合唱团演唱，迅速广为流传，受到人民群众的喜爱。1949年中华人民共和国成立时，此歌众望所归地被选为国歌。数十年来，随着广播电视每天早上的开播、天安门广场的升国旗仪式、中外国家元首互访时的演奏、重要会议开始时的演唱、国际体育比赛中国夺冠升国旗等场景，国歌那恢宏嘹亮的乐音，经常回响在中国以及世界的各地。

（一）

《义勇军进行曲》的词作者，是在文学、戏剧、电影、音乐等诸多方面都有杰出贡献的革命文艺家、德高望重的歌词大家田汉，曲作者则是由田汉引入革命文艺队伍的年轻人聂耳。聂耳生于昆明，祖籍是云南玉溪。

云南位于中国的西南边疆，古时多为蛮荒之地，宋代以来仍然是流放罪犯之地。到了清朝末年，英法殖民势力侵入云南，在给人民带来巨大灾难的同时，也在客观上推动了社会发展。特别是由法国主持的滇越铁路（从昆明至越南的海防港）于1910年建成通车，极大地便利了云南与国内外的交通，促进了云南经济文化的发展。

聂耳自幼受到云南丰富优美的多民族民间音乐的熏陶，学会演奏多种民族乐器。上中学时，多才多艺的聂耳成为昆明进步学生运动的骨干。在"四·一二"反革命政变后的血腥白色恐怖中，聂耳于1928年秋天毅然秘密加入了共青团，从事了许多革命工作。由于被共青团支部里的叛徒出卖、随时有被捕的危险，1930年7月他在高级师范毕业后立即乘坐滇越铁路的火车逃亡，途经越南、中国香港，乘船到了上海。

考入黎锦晖领导的明月歌舞团后，聂耳提高了自己的音乐技能和素养。他在田汉的引领下加入左翼音乐家的队伍，1933年年初经田汉介绍加入中国共产党，再由左翼音乐小组、党的电影小组安排，进入电影公司、百代唱片公司工作，创作出影片《桃李劫》的主题曲《毕业歌》、影片《大路》的序歌《开路先锋》、影片《风云儿女》插曲《铁蹄下的歌女》、歌剧《扬子江暴风雨》等许多杰出的音乐作品。

聂耳写好《义勇军进行曲》初稿后，试唱给几个友人听，他们提出了一些修改意见。这时，传来了国民党政府将要逮捕聂耳的消息。一直没有机会进入音乐院校专业学习音乐、自学成才的聂耳，准备利用这个时机经由日本去欧洲、苏联考察学习。经过党组织批准，1935年4月15日聂耳离开上海。经过修改的《义勇军进行曲》的定稿，据收件人司徒慧敏（党的电影小组成员）说是这年4月底从日本东京邮寄回来的。7月17日，聂耳在日本藤泽市的鹄沼海滨游泳时不幸溺亡，年仅23岁。

中日两国人民的深情厚谊源远流长。古代是日本向中国学习，唐朝时日本派出了许多"遣唐使"来中国学习律令制度、文化艺术和科学技术。近代日本进行"明治维新",向西方学习,改革图强。"甲午战争"以后,战败的中国向崛起的日本学习,大批中国学生东渡日本留学。沈心工、李叔同等人回国后,开展了"学堂乐歌"运动。中国民主革命的伟大先驱孙中山,也是把日本作为基地,组织推翻清代封建王朝的斗争。

日本军国主义者1931年挑起"九·一八事变"后,中日两国经历了长达14年的战争,给两国人民都造成了巨大的伤害。战后的日本政府追随美国敌视中华人民共和国的政策,中日两国的关系长期处于不正常状态。但是日本有许多友好人士,长期以来致力于发展中日友好的民间活动,1950年10月1日成立了日中友好协会。

1954年,日本藤泽市的市民在聂耳的故世地鹄沼海滨修建了聂耳纪念碑。1958年此碑被台风与海浪毁坏后,1963年藤泽市成立"聂耳纪念碑保存会",市民再次集资修建聂耳纪念碑,两年后举行了聂耳纪念碑落成仪式。为此,藤泽市还与聂耳的出生地昆明市于1981年结为友好城市。

(二)

我所在的中国艺术研究院音乐研究所长期以来致力于人民音乐家聂耳的专题研究,1955年所里就专门设立有"聂耳纪念室",并陆续编辑出版了四本《聂耳专辑》。1978年起,我根据有关工作安排,接手了研究聂耳的课题,承担了恢复和扩建"聂耳陈列室"的工作(1982年重新开放),1982年编辑出版《聂耳》画传,同时进行《聂耳全集》的编辑工作。那时,我在北京、上海、昆明、广州等地采访了当时还健在的聂耳亲友200

余人次，收集与辨识了许多有关的历史资料。

为纪念聂耳逝世50周年，文化部、中国音乐家协会和中国艺术研究院音乐研究所共同组成"聂耳全集编辑委员会"（主编周巍峙，我担任执行编辑委员）编辑《聂耳全集》（共两卷），1985年由文化艺术出版社和人民音乐出版社联合出版。为纪念聂耳100周年诞辰，该编辑委员会（主编仍然是周巍峙，我担任常务副主编）又编辑了《聂耳全集》的增订版（共三卷），2012年由文化艺术出版社出版。这期间，我根据研究成果陆续发表了多篇研究聂耳的文章。

住在日本藤泽市的冈崎雄儿教授是日中友好协会的成员，对中国一直怀有友好感情。他在本职工作之余，多年来以诚挚的情感致力于聂耳专题研究。冈崎教授2015年在日本出版的《歌で革命に挑んで男 中国国歌作曲者·聂耳と日本》一书，已由中国艺术研究院的李玲女士译成中文，将要在中国出版。我有幸先睹为快，阅读了此书的译稿。

我感到，此书体现了许多日本学者都具有的治学认真、论证严谨的特点。冈崎教授不仅查阅了中日两国多年来出版发表的许多资料（书后附列的那么多的参考资料，就是有力的证明），还长途跋涉亲自去聂耳出生地、生活了18年的居住地、墓地所在地的昆明，聂耳的祖籍地玉溪等地进行考察，采访了许多相关人士，又历时数年才写成了此书。

针对中国国内曾长期存在的"神化"聂耳的倾向，冈崎教授特别注重展示聂耳作为"人"的属性，突出了聂耳充满年轻人朝气的特点，还修正弥补了两版《聂耳全集》里都出现的个别错误和被删节的一处内容。根据《聂耳全集》出版后新发表的材料，作者特别对聂耳与云南女友袁春晖相识、初恋的经历进行了细致的考察、论证，对他们两人最终未能成为眷属的结局，提出了自己的看法。

聂耳1935年在日本突然意外去世，当时的新闻报道有着多种多样的说法，"谋害说"就曾经风行一时。在那时及后来数十年间，对聂耳去世的缘由一直有着多种猜测。1954年，时为中国文联主席的郭沫若给昆明聂耳墓所撰碑文里所说的"其何以致溺之由，至今犹未能明焉"，就仍然凸显出这种倾向。鉴于中日关系的变化和昆明市与藤泽市结为友好城市的事实，中国领导人胡乔木于1982年2月2日指示删去了上述这句只是表达疑问的话。

冈崎教授长期居住在聂耳故世之地藤泽市，引用了日本方面的许多资料，并进行了多方面的调查与分析研究，对"谋杀说"给予了有力的批驳。这也是此书应该多予关注的重要部分和闪光点。

2018年夏天，应日中友好协会、东方文化交流会等单位的邀请，我去日本参加了纪念中日和平友好条约缔结40周年的纪念活动。我观看了中日两国艺术家的精彩文艺表演，接触到了许多长期致力于中日友好事业的日本人士和旅日爱国华侨，切身感受到这些日本友好人士对中国人民的热情和对促进中日两国友好关系发展的巨大推动力量，以及旅日爱国华侨的深切爱国情怀。

在由中国政府设立的东京中国文化中心（2009年由时任中国国家副主席习近平揭幕），我做了题为"中华人民共和国国歌与日本"的演讲，介绍了国歌词曲作者田汉和聂耳与日本的渊源、此歌是在日本最后定稿等历史情况，受到与会的田汉的侄女田伟等旅日爱国华侨和日本文化界人士的好评。

在日期间，我有幸与冈崎教授相识交流，深入探讨了双方共同感兴趣的一些问题。冈崎教授作为上述多项友好活动的志愿者，热心尽职地奔波服务于多场集会和演出。他还盛情邀请我去他家做客、吃日本特色饭菜，并专程开车陪我去藤泽市的鹄沼海滨，瞻仰了聂耳的逝世地和聂耳纪念碑。

值此冈崎教授这部专著的中文版即将在中国出版之际，谨此致以祝贺，写作此文以为序，并把此书推荐给广大的中国读者。

中国艺术研究院研究员　向延生
2019年4月21日于北京远望斋

目 录

前 言 i

序章　1935年7月17日神奈川县鹄沼海岸 1

第一章　云南——"革命音乐家"的成长岁月
  第一节　聂耳的诞生 7
  第二节　热爱音乐，思想觉醒 17
  第三节　省立师范学校时代 26
  第四节　苦难的军队生活 33
  第五节　离开故乡 39

第二章　动荡的上海——钻研音乐与初恋的结局
  第一节　在香烟批发店工作 51
  第二节　加入联华歌舞学校 58
  第三节　初恋的结局——上海与昆明的长途恋爱 66
  第四节　兵灾战祸中的上海岁月 87
  第五节　漂泊的音乐家 102

第三章　奋斗于电影界
第一节　左翼电影界的岁月 …………………………………… 111
第二节　在唱片公司工作 ……………………………………… 129
第三节　积极作曲 ……………………………………………… 144
第四节　倾注心血于《义勇军进行曲》……………………… 150

第四章　逃亡日本与客死他乡
第一节　东京的生活 …………………………………………… 163
第二节　湘南度假 ……………………………………………… 182
第三节　关于"谋杀说" ………………………………………… 205

第五章　迈向国歌之路
第一节　如火如荼的抗日救亡歌咏运动 ……………………… 221
第二节　《义勇军进行曲》成为代国歌 ……………………… 226
第三节　经历"文化大革命"的风暴 …………………………… 229
第四节　成为正式国歌 ………………………………………… 232

终章　《义勇军进行曲》的作曲者与日本 ………………… 234

附　录
聂耳作品一览（以年代为顺序）……………………………… 241
聂耳相关年谱 …………………………………………………… 244
参考文献及资料 ………………………………………………… 251

后　记 ……………………………………………………………… 264

前　言

近年来，我们在奥运会等国际性体育比赛中听到中国国歌的机会越来越多。"起来！不愿做奴隶的人们！"这首歌原是电影《风云儿女》的主题曲，日本翻译为《嵐の中の若者たち》。这部电影描绘及歌颂了那些投身于抗日战争、与日本帝国主义奋勇作战的青年人。

《风云儿女》首演于 1935 年 5 月的上海。抗日战争爆发后，这部电影的主题曲《义勇军进行曲》以雄壮的旋律和充满力量的歌词鼓舞着前仆后继奔向战场的士兵们，成为首屈一指的抗战歌曲。1949 年中华人民共和国成立之时，这首歌获得了民众支持，被定为国歌。

在日本，大概只有少数中国通才了解《义勇军进行曲》的历史吧，它的创作背景、它曾经是电影主题曲、它曾经经历抗日战争而后又被入选为国歌这些事情，大多数人都不知道。我之所以对中国国歌，准确地说是对中国国歌作曲者产生兴趣，是出于偶然。

这一偶然就是：这位作曲家——聂耳（1912—1935），逝世于我家乡附近的海岸。中国国歌的作曲者竟然客死于日本！可能大部分中国人也不知道吧。

聂耳在《风云儿女》上映后不久的1935年7月，溺死于神奈川县藤泽市江之岛西侧的鹄沼海岸。1954年，当地民众为了悼念夭亡的邻国作曲家，将海滩一角围起来，建造了纪念碑。我当时是个小学生，经常到纪念碑附近玩耍。就从那时开始，这个名字里有"四个耳朵"[1]的人在我心中留下了痕迹。

大学毕业后，我开始从事与中国相关的工作，没想到又一次遇到幼年所见的"四个耳朵的名字"，这令我心绪不安。有个中国人在闲谈中和我说："我国国歌的作曲者听说是被日本人杀害的。"他看着我震惊的表情，又加了一句："确实有这样的传言啊。"

聂耳不是死于事故（溺死），而是被杀死的！果真如此吗？——当时我在工作中也意识到日中两国国民要做到相互理解是有一定难度的，我深切地体会到了解邻国国情，特别是了解日中历史的重要性。

如果真有他杀这种说法……虽然1972年好不容易恢复了邦交正常化，但当时两国关系仍然不稳定。我想如果不寻根问底，那么和事实相异的"传言"就会广泛散布开来，我感到有必要厘清误解，然而当时我却无暇顾及。

1995年12月，我终于有机会探访聂耳的出生地云南昆明。我工作的日本国际贸易促进会由经济界精英组成了一个代表团，我亦随行。工作结束后，我突发灵感，决定去瞻仰聂耳的墓地。我在闹市中拦了一辆出租车，向着西南方向驶出郊外，群山扑面而来。行驶不久之后，我的左手边出现了昆明的象征——滇池（"滇"是云南的简称）。滇池是云南省最大、中国第六大湖，湖面平静开阔。半山腰上有一座庄严的墓园，绿树成荫中有一座三米多高的塑像。

---

[1] 日语及繁体字的"聶耳"是四个耳朵。——译者注

此后，我利用工作间隙，不断收集整理与聂耳相关的文献资料。后来我改行当了老师，利用暑假，辗转北京的国家图书馆、上海图书馆，甚至深入云南省图书馆去查找资料。2001年12月，我探访至聂耳原籍所在的玉溪市，那里有一个以聂耳命名的公园，园内有纪念馆。我在玉溪买到了两本书。一本是聂耳的兄长聂叙伦所著传记《少年时代的聂耳》，另一本是玉溪当地的聂耳研究家崎松（本名刘本学）所著的《聂耳与玉溪》。后者是聂耳纪念馆年轻的女馆员送给我的。当时我正要付款，她笑着阻止我说，您不远千里从日本而来，就让我送给您这本书吧。为了回报如此拳拳之意，我心中信念为之一新。

2012年春天，我所收集的资料已经相当可观。就在这一年，为纪念聂耳100周年诞辰，《聂耳全集》增订版在北京出版。1985年纪念逝世50周年出版的旧版全集是两卷，这次增订版增加为三卷，新增加的末卷收录了相关人士的回忆录和研究论文。全集开展编撰工作时，不仅北京，就连聂耳的家乡玉溪也设立了编辑部，因此得以收录许多新发现的资料。由此，我收集资料的工作告一段落，执笔写作的条件已经完备。

莫扎特在短暂的35年生涯中创作了600多首曲子，被誉为"用音乐改变世界的天才"。莫扎特逝世一个多世纪后出生的聂耳只有更加短暂的23年生命，他短暂的一生都在近代中国史的激流中奋进，他创作的歌曲成为中国革命者的心灵支柱，因此他被称为"以歌曲为武器改变中国的天才"。

他的歌曲到底是在什么样的时代背景下诞生的呢？他究竟在什么样的家庭中成长，受到什么样的教育，在何处获得社会工作的经验呢？更深入一步来看，作为他创作活动的舞台，20世纪30年代前半期的上海状况如何？聂耳不久就被民国政府视为煽动民众的革命作曲家，被列为危险人物，当他不得不逃亡日本的时候，滞留于日本的生活光景如何呢？

在很长一段时期内，聂耳被誉为"革命音乐家""人民的音乐家"，被视为圣人。但是近年来通过新的研究，聂耳的形象从"圣人"的束缚中解放出来，真人版的聂耳形象逐渐变得越来越清晰了。本书通过考察这些研究成果并以与中国学者交流所得为基础，查证关于聂耳之死的"谜团"，同时尝试描绘出一幅没有虚饰、没有夸张的聂耳等身画像。

对我来说，研究聂耳的生涯相当于重新审视日本近现代史。要考察这段历史，我认为其原点在于如何思考与处理和近邻诸国彼此间的关系。愿本书这一微小尝试，为改善与中国及各国关系做出贡献。

序　章

1935年7月17日神奈川县鹄沼海岸

1935年7月18日，《东京朝日新闻》朝刊出现了以下一则小小的新闻报道：

民国学生溺死？
寄宿于东京神田今川小路中华民国青年会宿舍的学生聂守信[1]（24岁），十六日下午二时左右在神奈川县鹄沼海水浴场游泳时失踪，目前藤泽警署正在搜寻。

这是关于本书主角聂耳遇难最早的一则报道。短短的新闻中有三处与事实不符。第一，后文会提到，聂耳寄身之处并不是中华民国青年会宿舍。第二，聂耳并非24岁，而是年满23岁。第三，失踪时间不是16日，而是17日。后来《东京朝日新闻》没有发表更正启事。到了19日，《东京日日新闻》（《每日新闻》东日本地区版的前身）刊登了以下这则报道：

---

[1] 聂耳的本名。

身穿游泳衣的尸体

【横滨报道】十八日下午一点左右，神奈川县藤泽町鹄沼海水浴场附近发现漂浮着身穿游泳衣、看似学生的溺死尸体，藤泽警署经过调查，认定是东京神田区神保町二号东亚高等学院[1]学生聂守信君（20岁），他于十七日下午两点左右在鹄沼海水浴场游泳时行踪不明。

聂耳的年龄在《东京日日新闻》的报道中比《东京朝日新闻》年轻4岁，两者均失实。另外，两家报纸都使用原名"聂守信"来报道，因此没有引起日本公众的注意。但在当时的中国，聂耳的歌曲已经风靡上海，家喻户晓。因此，那些与他关系亲密的在日中国留学生们得知他的死讯后都无比震惊。讣告迅速传至上海，当地报纸杂志纷纷悼念这位早逝的青年作曲家。时值暑假，在日留学生、与聂耳亲近的朋友均聚集在千叶县馆山町。8月4日，他们在北条海岸边上的海之家旅馆召开了追悼会，为友人的早逝伤心落泪。当时在早稻田大学留学的作家李华飞（1914—1998）回忆追悼会的情形：

> 一位学友静静地叙述（聂耳）死亡时的情况，屋内四隅渐渐充满了抽泣声。一位女同学在唱机上反复地放《义勇军进行曲》，歌声一直伴随我们。追悼会上没有装饰，甚至连一朵白花也没有，然而却有数十人深深的悲痛，有发自真心的泪水。[2]

---

1 正式名称为"东亚高等预备学校"。创立于1914年，是一所面向中国留学生的升入高中或大学的预备学校。周恩来（1898—1976）等许多中国人曾经在这里学习日语。该校位于千代田区神田神保町的旧迹现在变为公园（爱全公园），公园里树立着一个写着"周恩来学习之地"的纪念碑。关于学校的成立和背景请参见第四章。

2 小林文男《日中关系への思考》，劲草书房1993年，第97页。

追悼会上，大家提出制作纪念文集的意见并筹措资金。提议迅速有了成果，同年12月，东京出版了《聂耳纪念集》。

聂耳逝世一个月后，上海南京东路附近的金城大戏院（现在的黄埔剧场）举行了盛大的追悼会。除了聂耳的亲友，还有许多工人、普通民众参加。追悼会原定于上午9点半开始，刚到8点，会场已经满员，据说那些无法入场的群众含着泪水聚集在追悼会场的四周。[1] 可见人们是如何热爱聂耳，如何痛惜他的早逝。

不久之后，关于聂耳突如其来的死亡，有一种"被谋杀"的传闻开始四散流传。传闻最大的证据来源于从小熟知聂耳的亲朋好友们的证言：聂耳水性极好，不可能溺亡。比聂耳年长3岁的哥哥聂叙伦在回忆弟弟的书中提到，聂耳小时候曾经失足落入在家附近的河里（本书后文将提及），有过这次教训后，聂耳深感学习游泳的重要性，因此不断努力练习，所以游泳游得很好。[2]

另外，聂耳的留学同窗魏晋记录了当时同学们在馆山听到聂耳溺亡消息时的反应：

> 听说聂耳在海中遇难，大家都疑惑不已：他明明会游泳的，令人费解。而且一般的海水浴场为了避免发生这种不幸事故，都会在水深的地方设有警戒用的绳标啊。[3]

但海中游泳必然伴随危险。即便聂耳如兄长所说的那样熟悉水性，但

---

1 《聂耳传》，上海音乐出版社1992年，第312—313页。
2 聂叙伦《少年时代的聂耳》，新蕾出版社1981年，第49—52页。关于聂耳幼年时代的资料除了参考此书，另有《人民音乐》1955年10月号刊登的聂子明、聂叙伦《回忆我们的四弟聂耳》也是重要参考资料。
3 崎松《聂耳与日本》，云南人民出版社2010年，第107页。

如果气象条件、水温、身体状况有所变化，就不能完全否定溺亡的可能性吧。传闻中的"谋杀论"已经超越聂耳的个人状况范围，而与当时的政治状况挂钩了。

抗日战争全面爆发的导火索"卢沟桥事变"（1937年）发生在聂耳遇难的两年后，但从1931年"九·一八"柳条湖事件开始，日本逐步入侵中国东北，中日关系持续紧张。同时，日本政府加强了对本国社会主义运动及工人运动的弹压，甚至中国留学生也成为监视的对象。日本自孙文（1866—1925）时代以来就是中国革命基地之一，同时也是远赴苏联和欧洲的重要必经之地，因此不仅是留学生，凡是在日中国人都被日本政府列为关注对象。

例如，著名的左翼作家胡风（1902—1985）1933年3月在日留学期间被逮捕，后遭强制遣返回国，其理由是他与日本无产阶级作家有接触。这是无产阶级革命作家小林多喜二被特高警察虐杀事件发生一个月后的事情。胡风比聂耳更早到达日本，从聂耳上学的同一所日本语言学校毕业，他被捕时正在庆应义塾大学学习。胡风说他被逮捕后，在四谷警署被拘禁了两个月，遭受了整整两天的严刑拷问和棍棒持续殴打。[1] 前文提到的李华飞也曾经说："聂耳被列为危险人物，他总是不断受到刑警、日本特高警察的骚扰。"

那么，聂耳是死于谋杀，还是单纯的游泳溺亡事故？下面让我们来追寻这位早夭天才作曲家的一生，厘清他充满谜团的死亡真相。

---

[1] 南云智监修翻译《胡風回想録——隠蔽された中国現代文学史の証言》，論創社1997年，第18—19页。

第一章

云南——"革命音乐家"的成长岁月

第一节 聂耳的诞生

聂耳诞生地——云南昆明的现状

1912年2月15日,聂耳出生在位于中国西南端的云南省昆明市。昆明是云南省的省会,远离首都北京及世界大都会上海。西北与西藏自治区、北与四川省、东北与贵州省、东与广西壮族自治区接壤;西南与缅甸,南与老挝、越南国境相连,国境线长达4000公里。全省面积约为39.4万平方公里,比日本国土面积(37.8万平方公里)还要辽阔。云南省95%为山地,多森林而地形复杂。气候多样化,南部地势较低为亚热带气候,北部高地为亚寒带气候。人口约为4600万,除了汉族,人口数量的三分之一为少数民族,既包括彝族、白族、哈尼族、傣族、苗族这种人口超过100万的少数民族,也包括怒族、满族、独龙族等人口未超过2万的少数民族,全省居住着26个少数民族。而在全中国,除了占人口92%的汉族以外,还有55个少数民族,其中有15个少数民族仅存在于云南省内。

中国自20世纪70年代末开始实行"改革开放"政策，东部沿海地区、都市地区变得富裕起来，包括云南省在内的西部内陆地区及农村地区发展滞后。根据2000年开始实施的"西部大开发"政策，与越南、缅甸的边境贸易逐渐活跃，现在云南省经济发展取得了一定成果。省内矿产资源丰富，有锡、磷矿石、铅、亚铅、镉、铁矿石、石炭等。传统产业是烟草业，产量全国第一。近年来，花卉及生命科学、化工等尖端产业也逐渐发展起来。

云南是对日贸易中最重要的松茸供给地。出口松茸通过航空货运专机每天由昆明经由上海运输至日本。目前在云南省投资的日本企业超过100家，近年综合商社双日株式会社与云南省签订了"一揽子合作意向书"（2011年），双方将在广泛范围内开展合作开发。云南省与日本已经相互成为各自经济、贸易上的重要合作伙伴。

云南省省会昆明位于云贵高原中央，是一个海拔将近1900米的高原城市。亚热带季风带来湿润的气候，冬暖夏凉。年平均气温为16度，全年气候舒适宜人。我初到昆明时，当地人告诉我，昆明市"万紫千红花不谢，冬暖夏凉四时春"，被誉为"春城"。

昆明市人口约726万。2012年6月，昆明长水国际机场投入使用，代替了巫家坝国际机场（1923年建成），发挥着中国西南地区为数不多的国际机场功能。另外，1992年昆明设立了国家高新技术产业开发区。1999年，昆明举办了世界园艺博览会，以此为契机，城市风貌为之一变，成为高楼林立的大都会。1981年11月，因聂耳出生地与故去地的因缘，昆明市与日本神奈川县藤泽市结为友好城市。

近代史中的云南

云南地区建省不晚于元代。进入近代之后，包括云南在内的西南边陲与华北、东北地区一样，是帝国主义侵略矛头所指之地，因此在清朝末年，云南成为直接面对帝国主义侵略的最前线。

义和团运动爆发前，大英帝国将势力扩张至印度及缅甸。法国为了与之对抗，将触手延伸至中南半岛，通过与越南缔结条约否定了清朝的宗主国权利。帝国主义矛盾的激化导致了中法战争的爆发。法国战胜后于1887年将越南、柬埔寨正式揽入殖民统治范围，法属印度支那联邦成立，殖民统治正式开始。于是，云南、广西自然成为法国进一步觊觎的一块肥肉。

大多数云南青年人和学生对清政府在外交上的软弱大为不满，他们民族意识强烈，认为必须要抵御外国侵略才能保卫祖国。于是他们与呼吁推翻清朝统治的革命派一呼百应，积极参加不断蓬勃发展的反清革命。这些青年团体的主体是从日本留学归来的学生，也包括清朝末年创设的新军士兵。

1906年，云南的革命派青年以东京神田三崎町的云南同乡会为据点，创刊了《云南》杂志。这本杂志"揭露当时云南的对外危机与清朝地方政府的腐败，倡导革命的必要性，同时向民众介绍民主共和先进思想，指出中国前进的道路，给予云南省内省外重要的思想影响，在云南省内播下了辛亥革命以及后来第二次革命的思想火种"[1]。

从19世纪中叶开始，清政府面对列强侵略及统治阶层内部的相互倾轧，统治能力急速衰弱。进入20世纪，国内外要求变革体制的呼声越来

---

[1] 石岛纪之《雲南と近代中国——"周辺"の視点から》，青木書店2004年，第34页。

越响亮，各地爱国示威运动如火如荼。1911年10月10日，就在聂耳出生前4个月，湖北武昌爆发了新军士兵起义，随后革命烽火燎原，最终推翻了清政府。

辛亥革命的影响波及中国边境云南。云南新军自清末创立以来，其势力一直掌握在为清朝尽忠的官员手里，但是到了1911年春夏之交，情况发生了重大变化。其一是毕业于日本陆军士官学校军事专业的蔡锷就任昆明新军长官；其二，曾经担任云南陆军讲武堂教官的革命派军人被陆续任命为新军内部的中级士官。蔡锷一派及革命派中级士官们积极响应武昌起义，云南新军以蔡锷为临时总司令，以同样留日归来的李根源为副司令，10月30日在昆明举兵起义。这一天恰好是旧历九月九日，因此称为"重九起义"。云南新军只通过一晚战斗，就成功控制省内主要部队。之前担任云贵总督的李鸿章侄子李经羲黯然离境，清朝兵将全部归顺革命军，统治云南省252年的清王朝瞬间宣告终结。辛亥革命翌年，1912年1月1日，中华民国成立，孙文担任临时大总统。

聂耳出生及父亲逝世

就在清朝统治土崩瓦解的重大历史转折关口，聂耳降生于昆明，时间是中华民国成立的第二个月，1912年2月15日。

2月15日是农历十二月二十八日。中国在进入21世纪的今天仍然新历旧历并用，更遑论20世纪之初。即将迎来新时代到来后的首个新年，辞旧迎新之际，父亲聂鸿仪面对这个吉祥的"幸运儿"，心中充满欣喜，给孩子起名嘉祥。长大后本名守信，字子义、紫艺等。"聂耳"这个众所周知的名字，是他加入上海明月歌剧社后，由于令人咋舌的敏锐听觉而获得的昵称。聂姓家庭迎来了一个耳力过人的男儿，真是世间不可思议的造化偶然。

关于聂耳的出生日期，长期以来都存在误解。聂耳自己在后来的日记（1930年10月19日）中写道："1912年2月14日，这一天，我来到这个世界。"因此，他逝世后的纪念碑和出版物大多数都以14日为他的诞生日。出生地昆明所立的纪念碑上也刻着"2月14日生于昆明"。1982年诞辰70周年之际，聂耳研究学者崎松访问了聂耳兄长叙伦，首次确认聂耳确切的生日应该是2月15日。[1]

聂耳出生那年，父亲聂鸿仪已经拥有5个孩子，长子守拙和长女兰茹是病逝先妻的孩子，再婚妻子彭寂宽生养了次女蕙茹、次子守诚（字子明）、三子守先（后改名叙伦）。聂耳出生时，长女兰茹已经出嫁，守拙18岁，蕙茹及其他孩子相对年幼，分别是10岁、7岁、3岁。

父亲聂鸿仪是玉溪人，玉溪在昆明以南约80公里。他从小聪慧过人，在云南省内科举考试中了举人，但他没有走仕途，而是获得行医资格，继承了家族医学，成为玉溪当地有口皆碑的医生。然而玉溪的生活并不能使聂鸿仪感到满足，1902年，再婚不久后他举家迁至云南省会昆明，租房安顿后新开医馆，同时经营着"成春堂"药铺。

母亲彭寂宽是傣族。母亲不是汉族而是少数民族，这对后来聂耳精神世界的形成产生了巨大影响。根据比聂耳年长3岁的兄长叙伦所著《少年时代的聂耳》，彭寂宽出生在玉溪以南25公里的峨山县傣族家庭，因为贫困，从小没有机会上学。彭寂宽想跟哥哥学习写字，遭到封建思想浓厚的父亲（聂耳的外祖父）强烈反对。但彭寂宽并不放弃，她偷偷地跟哥哥读书识字，自力更生地学习文化。也许是遗传了母亲的好学精神，聂耳4岁

---

[1] 崎松不仅证实聂耳确切的生日，而且发现聂耳之所以在日记中将自己生日记错是因为当时他对照的《中国近代史历表》上存在误差。

就会认读 500 个汉字，上小学以后成绩名列前茅。

1916 年 7 月 11 日，聂耳 4 岁的时候，45 岁的父亲聂鸿仪英年早逝。这一年年初，聂鸿仪躺倒在病床上一蹶不振，从此病况再无起色，积劳成疾是他罹患肺结核的原因。为了治病，家财用尽，值钱的东西都被当得精光，而且负债累累。家中壮年的顶梁柱就这么倒下了，最后连葬礼费用都是四处向亲戚们筹集的。当时长子聂守拙在湖北武昌的军队里工作，父亲在病床上给他写信，让他回家一趟，如果回不来，至少筹点钱寄回来，但却遭到儿子拒绝。长子不孝，聂鸿仪悲从中来，病情雪上加霜。

父亲去世后，母亲彭寂宽通过了国家的医师考试，成为昆明首位女医生。为了年幼的孩子们和一家生计，她行医、卖药，夜以继日地工作，无暇喘息。1917 年，在玉溪熟人的介绍下，15 岁的次女蕙茹早早地嫁了人，离开了家。家里少了一口人，少了一点负担，但仍然度日艰难。

上小学的首次"斗争"

1918 年聂耳 6 岁，亲戚帮忙垫付了学费，于是他进入昆明师范附属小学上学。母亲白天操劳医馆的工作，夜里做针线活至深夜，她一边做手上的活计，一边给孩子们唱动听的云南民歌，讲杰出先贤的故事。聂耳从小沉浸在热爱学习和传统艺术的氛围里，母亲积极向上的生活态度和热爱歌唱的自得其乐精神令她的儿女们在正直勤奋、喜爱钻研的家庭氛围中成长。

聂耳小时候，邻居是个做家具的手工匠人。聂耳最初从他那儿学会了吹竹笛，后来又从别的大人那里学会了二胡等民族乐器。他是当地远近闻名的小小音乐家，不仅在学校组织同学歌唱，自己担任指挥，还参加戏剧

1925年,聂耳全家的合影(前左二为聂耳)

表演,在班里被选为班干部,是个校内校外都非常活跃的孩子。

1922年春季,聂耳以全年级第一名的成绩从昆明师范附属小学初小部[1]毕业。他很想继续上这所学校的高小,但是学校规定没有参加过童子军的学生不得继续升学。要参加童子军,必须自己预先购买制服、皮带、随身携带的多功能军刀等装备,但是聂家没有能力购买这些物品。

聂耳留恋同窗们的友情,难以忘记老师们的关怀,他不愿意放弃继续就读昆明师范附小的心愿。他几次向校长提出申诉,认为参加童子军才能有入学资格的规定是不合理的,希望学校能够接收他升学。但是他没有得到校长的批准,最后没有办法,只好进了前年刚刚开办的私立求实学校的高小部就读。求实学校考虑到聂耳的家庭经济情况及他优秀的学业成绩,

---

[1] 民国时期小学分初小和高小两部分,初小4年,高小2年,初小和高小两部分加在一起才是完整的小学教育。——译者注

减免了他的学费和各种杂费。这所私立学校非常注重学生的情操美育，设置了民族乐器和脚踏风琴等课程，这对培养聂耳的音乐才能起到了重要作用。

在他升学之前，聂耳的母亲大病了一场。在她身体逐渐康复时，住在峨山的外祖父、外祖母让她回家乡休养一段时间。于是母亲利用聂耳入学前的假期，带着三个儿子返回故里省亲。现在从昆明到玉溪坐高速巴士大约需要两个多小时，当时却靠徒步。大病初愈的母亲坐着竹笼轿子，孩子们步行，花了四天才到达峨山。

峨山村里少数民族和汉族混居，傣族和彝族较多，他们的服装和语言与昆明人大为不同。穿着民族服装的傣族外祖父和邻居聊天，聂耳一句话都听不懂。日本民族学家、人类学家鸟居龙藏在20世纪初对中国西南少数民族曾做过详尽的人类学调查，出版过《中国西南部人类学问题》《苗族调查报告》等著作。[1] 为了不让孩子们受到歧视，母亲告诫他们回到昆明以后不要向外人透露外祖父一家是傣族的身世。但是对聂耳来说，母亲的少数民族身份却带给他一种自豪感，一种有别于常人的通往独特人生之路的自豪感。返乡归省之行的所见所感，使聂耳长大后对贫苦穷人和受压迫人群充满了真挚的同情。

从母亲故乡归来，求实学校高小部开学了。这所学校是当时边境地区很少见的私立学校，刚刚成立不久的学校里热心于教育的有志人士聚集一堂。校舍借用孔庙的部分建筑，设备虽然不完善，但教师们个个充满热情。聂耳很快就喜欢上了这所学校，他认真听课，积极担任班干部，学生会一成立他就当上了主席。

聂耳入学不久，孔庙开始维修。求实学校收到通知，让他们在维修期

---

[1] 人类学、民族学者鸟居龙藏于1902—1904年到包括云南省的中国内陆地区开展田野考察，研究了此地区民族差异的社会状况。

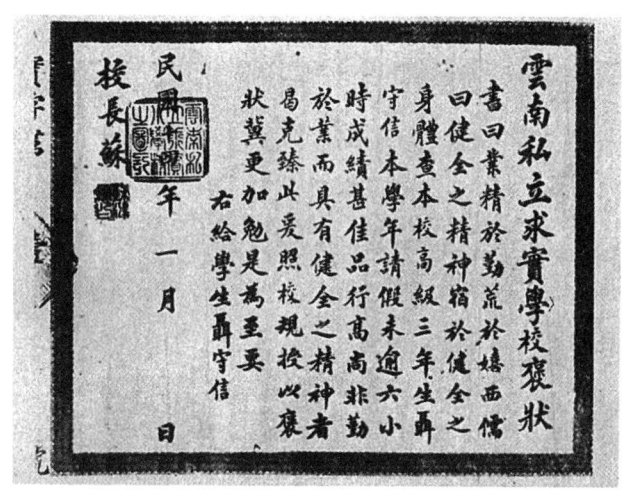

1925年,求实学校发给聂耳的该校第一号褒状

间迁出孔庙,于是学校借了附近民房继续上课。但是等到维修工程结束,孔庙方面却食言了,他们拒绝让学校回迁。求实学校几度与他们交涉都无法成功,学校面临解散的危机。

聂耳得知这件事后非常愤慨,他开始组织大家开展夺回校舍的运动。他收集同学们的心声,向校长和老师们汇报,再度与孔庙方面交涉,但是很遗憾,对方坚持己见。于是聂耳与同学们组织宣传队走上昆明街头去争取群众的支持,又得到省督唐继尧的帮助。孔庙方面害怕事情闹大,最终承认了校舍的使用权。争取校舍的斗争最后获得了胜利,学校给聂耳颁发了第一号奖状,上面写着:

云南私立求实学校褒状

　　书曰:业精于勤荒于嬉。西儒曰:健全之精神宿于健全之身体。查本校高级三年生聂守信本学年请假未逾六小时,成绩甚佳,品行高尚,非勤于业而具有健全之精神者,曷克臻此?爰照校规,授此褒状,冀更加勉,是为至要。[1]

30多年后,苏鸿纲校长在当地报纸上发表文章回忆这一幕:聂耳上台接奖状时,全场上下掌声雷动,这掌声令这位老教育家终生难忘。[2]

由此可见,聂耳在小学的时候就已经是一位社会活动家了。1992年,以小学生聂耳为主人公的电影《人之初》[3]在中国公映。电影改编自天津女作家谷应的儿童小说《从滇池飞出的旋律》(北京十月文艺出版社,1985年),这部佳作以20世纪20年代的昆明为舞台,描写了聂耳的成长过程。

---

1 这份奖状如今依然陈列在昆明市聂耳墓陈列室和玉溪市聂耳纪念馆内。
2 文章发表于1955年7月16日的《云南日报》,收录于崎松编《国魂聂耳》,远方出版社2003年,第37页。
3 电影的题目来源于中国传统启蒙教材《三字经》的第一句"人之初,性本善"。

第二节 热爱音乐，思想觉醒

聂耳向他的邻居老邱——一位家具工匠学会了吹笛子。老家四川的老邱年纪约莫30岁，是位老练的工匠师傅，空闲时经常吹笛子。聂耳被那悠扬笛声所吸引，每天必到老邱家里听他吹笛子，他观察老邱的指法动作，回家就借同学的笛子，凭记忆自己练习。不久他就会吹出几个音来了，但是离演奏还差得远。于是聂耳恳求老邱教他吹笛子，老邱一口答应，耐心地开始指导他。

经过老邱的启蒙，聂耳很快就对吹笛子驾轻就熟，但他不满足于借别人的笛子，他想要一支属于自己的。这一年的旧历新年，聂耳用亲戚长辈给的压岁钱买了一支笛子和一把二胡。有了乐器，他更加热心练习，技术也更为娴熟，他甚至教兄长们学习乐器，在家里举办欢乐的家庭演奏会。

这时候发生了一件事情，这一事件似乎预示着聂耳将来不祥的命运。1921年的夏季，正好是中国共产党第一次党代会在上海召开的时候。一天放学回家的路上暑热难当，同学邀请聂耳一起到水渠里游泳。聂耳不会游泳，而且他不愿意在回家路上磨蹭被妈妈骂，但是经不住小伙伴的怂恿，只好跟着一起去了。出了街道来到水田地带，同学脱了衣服跳进水渠，聂耳在岸上看着。同学先是在水里走了一阵，然后狗刨游了几米就停住了，水已经没到脖子，他正想站立起来，脚丫子在渠底淤泥上一滑，这下不好，他喊道："快来人啊，快拉我上来！"

聂耳不会游泳，只能大声呼救。但是周围一个人影都没有。再这样下去好朋友就溺水了，聂耳想从岸边把同学拉上来，他蹲在水渠边上尽量靠近落水者，眼看伸手就要够得着了，突然脚一滑，他也落入水渠中去了。

两人在水里大喊"救命啊"，有个路过的农夫听到了，跑过来伸出锄头把他们从水里拉了出来，两个少年在千钧一发之际获救了。

落水事件之后，聂耳深感学习游泳的必要性。他决心学习正确的泳姿，克服对水的恐惧，于是他从浅水处开始反复练习，不久就会游泳了，据说游泳成了他的一大爱好。序章提到的这桩往事是基于聂耳兄长聂叙伦的回忆，但实际上这事情含有夸张成分，关于这些，后文会详细谈到。

担任求实学校乐团指挥

求实学校高小部积极组织学生开展文艺活动，经常举办艺术会演。除了乐器演奏、歌咏演唱，甚至还有腹语才艺节目。这些项目需要专业音乐素养的训练，所以学校成立了乐团。多才多艺的聂耳能演奏笛子、二胡、三弦、月琴，自然被选为乐团指挥。学校乐团演奏的曲目有《梅花三弄》《苏武牧羊》《昭君和番》《木兰从军》等当时的流行歌曲。

学校为了让当地民众了解教育业绩和校方经营的实际情况，在期末考试结束后组织交流活动，邀请家长和热心教育的士绅参加，公布学生们的成绩，展示绘画手工作品，最后举办音乐演奏会。

1924年，求实学校学生音乐团与教师的合影（弹三弦者为聂耳）

这种交流活动能够获得家长及相关人士的情感支持，还有可能获得资金援助。1923年寒假前的学期交流会上，有位来自边境的少数民族的土司光临，聂耳指挥的乐团演奏出动听的旋律，令他大为陶醉；学生会主席聂耳的汇报演讲更令他感动。交流会结束后，他称赞求实学校的教育成果，当场慷慨捐赠400元。这意料之外的捐助解决了学校的财政困难，此后校方在经营上一帆风顺。

聂耳不仅对乐器感兴趣，还热衷于戏剧表演。在中华文化圈中，旧历正月十五是各地都庆祝的元宵节。家家户户张灯结彩，亲人团聚，吃一种叫作汤圆的糯米丸子。昆明更热闹，当地有载歌载舞赛歌闹花灯的传统。人们把民间故事编成朗朗上口的诗句来歌唱。在没有其他娱乐手段的年代，这种走街串巷的表演最为老百姓所喜爱。聂耳最喜欢听歌会，只要一听到锣鼓响动，他就从家里冲到街上，挤到最前列，加入看热闹的人潮。看完回到家，他就能边唱边记录下刚才听到歌曲的谱子。

聂耳还喜欢云南地区流行的传统滇剧。当时昆明有两个滇剧剧场，有时候亲戚会带聂耳去看戏，他屏气凝神地看戏听音乐，回家后就能在家里从头到尾演给家人看。

1925年7月，13岁的聂耳从求实学校高小部毕业。成绩优秀的聂耳当然盼望能继续升学读书，但迫于经济原因，他唯有放弃这个想法。然而就在最后关头，他的恩人出现了。一位教师爱惜聂耳的才华，主动借钱给他补足学费，并劝他去考学费便宜的云南第一联合中学。这个学校的入学考试向来以难考著称，聂耳发愤图强，以优异的成绩通过了入学考试。当时读中学一般都住校，聂耳家没有这样的财力，学校允许他每日走读上学。

自从父亲聂鸿仪去世后，聂家因为经济原因被迫两次搬迁，因此来看病的患者和药铺的熟客都流失不少，家里的生计依然艰难。为了凑足三兄弟的学费，家里不得不把父亲唯一的纪念品——一个会奏乐的八音座钟拿去卖掉。孩子们为了减轻家里负担尽可能地打零工赚钱。临近春节，聂耳和两个哥哥一起给露天小摊贩们帮忙，或者给邻居们写春联，赚来的辛苦钱大部分给妈妈，剩下一些自己留着做衣服和日用品的开销。

与英语柏老师的因缘际会

聂耳升至中学，特别花工夫在英语学习上，他课余参加了英语夜校补习班，老师叫柏希文。柏老师出生于广州，他的父亲是法国人，母亲是中国人。除了母语法语，柏老师还精通英语、德语、拉丁语。柏希文终身未婚，当时他已年过五十，除了一个提供睡眠安歇的房间再无任何财产。他过着清贫安详的生活，唯有教育是他生命的所有。这所夜校靠阔绰的慈善家捐款经营，收取尽可能低廉的学费。与柏希文老师的相遇，是培育及提升聂耳性格修养的重要人生际遇。柏老师非常赞赏聂耳的才能，他不仅是聂耳的英文补习老师，而且热心指导聂耳去关心和思考各种学问，可称之为聂耳的精神导师。

尽管英语夜校教务工作繁忙，但柏老师知道聂耳喜欢音乐，就抽空教授他音乐理论和练习钢琴。这些课程和知识是聂耳后来进行音乐创作的基石，换言之，柏希文是革命音乐家聂耳的启蒙者。

聂耳此时写作了一篇题为"我之人生观"的作文，在柏老师的引导下，聂耳热爱学问的志向可见一斑。

我的人生观，非是宗教家的、哲学家的以及科学家的。不过，世界实是一个幻想，我想我们虽然一天一天过去，表面上不觉得什么，实际上还受政府和外人的支配管辖。我觉得最好是等到大学毕业，去游历一转之后，对于学术上有研究，并且还有几个钱，那时我们又将如何呢？不消说，来到滇的西山，买点极清幽的地方，或是在外省也有极静或山水清秀的，也还有可以。约得几个同志，盖点茅屋，一天研究点学问，弄点音乐。不受外人支配，也不受政府的管辖，如此，岂不是就终了我的身了吗？[1]

年仅13岁的少年豪情中飘荡着向往无政府主义及浪漫主义的憧憬。批改作文的是联合中学的老师，他大概不喜欢这篇早熟的文章里有"政府的支配"这样的字眼，所以给了一个略为严厉的批语：青年志望宜远大，不宜作隐逸之想。这个批语对聂耳来说是个打击，两年后他升学进入云南省立第一师范学校，再次写了篇关于人生观的文章。

人生观是各人不同的。有的是消极的，有的是积极的，还有所谓浪漫的。我的人生观并不是消极的，也不是积极的，更不是浪漫的。现在我就来说我的人生观了。

"因环境的变迁而使人生观改变"这话对的吗？对的，我认（为）是对的。因为在中学时候我曾经作过一篇《我之人生观》，在那时的人生观可以说是消极的——因为受了社会和朋友的影响——但是自中学毕业后，考入省师后我的人生观又是一种，现在不妨写在下面。

恶劣的社会快要和我们有为的青年交战了——每一个人都是处在社会里的。既然人人都是在社会里过生活，当然要获得个人的生活。但是我们可以觉晓我们的自由究竟得着多少，完全是在几个军阀政客包办的政府手里。他们喜欢怎样完全是听便的。还有种种的恶俗和许

---

[1] 增订版《聂耳全集》中卷，文化艺术出版社2012年，第9页。

多不能适应新社会的旧礼教,仍然存在二十世纪科学时代的社会里。这些都是我们应当打倒的。换言之,就是打倒恶社会建设新社会。

我的个性(是)很喜欢工业。假使我有升学的机会,我希望入工科。我自己相信我稍有一点艺术天才。从我个性去发展,所以我也要研究艺术。还有我也希望做一个游历家(并不是鲁滨逊那种个人主义的思想),游历世界一周,由实地观察之所得以建设新的社会。[1]

动荡中的中国,反帝国主义运动高涨

在聂耳诞生同一年成立的中华民国,是亚洲首个民主共和国。但中央政权迅速被北洋军阀统帅袁世凯窃取。国民党激进派举起武装斗争的旗帜,江西、江苏、广东等南方七省起义,不幸的是起义很快被镇压了。袁世凯发动御用学者、御用报刊掀起一场帝政运动,1915年,袁世凯复辟,登上"中华帝国"皇帝的位置。这一逆时代潮流的行动震动全国,连袁世凯部下的将军和高官们都纷纷反对。

南方军阀中的云南派蔡锷、唐继尧、李烈钧等宣布云南省独立,率先发动讨袁战争。云南之战中袁世凯军队战败,贵州、江西、广东等其他省份的独立运动亦星火燎原。云南虽处西南边陲,在中国护国战争中却起到打响第一枪的重要作用。其中担任领导的就是前文提到的以蔡锷为首、在1911年武昌起义中也曾经大显身手的日本留学人员。

1916年蔡锷病故后,唐继尧很快坐稳了云南派势力的第一把交椅,但实际上他在参加孙文的中国同盟会时就已经放弃了革命思想。根据石岛纪之的研究,唐继尧政权庞大的军事支出使云南省财政枯竭,最终将负担

---

[1] 增订版《聂耳全集》中卷,第26页。

转嫁给老百姓,名目繁多的重税令人们生活在水深火热中。然而征税官员明目张胆地巧取豪夺,政府根本无法管制,所以税收并没有使财政好转,最后政府只好以默认解禁鸦片贸易来渡过难关。唐继尧统治时代频繁征兵,农村因此失去了大量青壮年劳动力。唐继尧完全不顾及省内发展相关的事业,唯一称得上业绩的是创立了云南省最早的高等教育机构——东陆大学(后改名为云南大学),之所以叫"东陆大学",是由唐继尧的号"东大陆主人"而来的。唐继尧将民众困苦抛诸脑后,自己在豪华府邸里享受奢华生活。[1]

根据聂耳兄长聂叙伦的回忆,有一年唐继尧过生日,所有政府机关、军队、学校一起放假。装饰华丽的唐公馆大摆筵席,举办盛大的祝寿活动,邀请各机关负责人、军队将领、教师等参加。活动持续了一个星期,其中有两天唐公馆对公众开放,免费参观。聂耳兄弟们也兴致勃勃地参观了这个豪宅。聂叙伦追忆当时的见闻后谈道:"亲眼看到'唐公馆'那样的豪华,同一般老百姓的悲惨生活相比,真是一个在'天堂',一个在'地狱',唐继尧的剥削罪恶已毫无掩饰地暴露在人民面前!"[2]

1924年1月开始的第一次国共合作至1927年7月国共合作破裂期间[3],中国民族主义运动如火如荼。早熟的少年聂耳阅读了许多当时的进步刊物、书籍,例如杂志的列宁专号、鲁迅著作、日本学者厨川白村的《出了象牙之塔》翻译本等,他强烈意识到祖国统一和独立的重要性。他刚刚就读的第一联合中学里的学生运动非常兴盛,聂耳立即投身其中,积极参加为"五卅惨案"牺牲者遗族筹集资金和抵制日货的活动。

---

1 石岛纪之《雲南と近代中国——"周辺"の視点から》,青木書店2004年,第83页。
2 聂叙伦《少年时代的聂耳》,第87页。
3 1924年1月,以孙文为主导的国民党响应共产国际号召,与共产党组成联合阵线,以中国的统一和独立为目标,共同反抗各地军阀、北京政府、欧美列强,这就是第一次国共合作。但是1925年3月孙文去世,国民党在广东建立国民政府,蒋介石篡夺实权,1926年第一次北伐,随后在上海制造"四·一二政变",国共合作破裂。

"五卅惨案"即 1925 年 5 月 30 日，上海学生、工人上街游行，遭到租界巡捕枪杀，造成死 13 人、伤 40 余人的惨案事件。事件的背景在于辛亥革命以来中国社会的混乱，当时包括上海在内的大城市出现了严重的通货膨胀，国民党和共产党引导民众将诉求进一步上升为群众反帝运动。5 月中旬，属于日资在华纺织业的内外棉株式会社工厂内部发生工人罢工，厂方武力镇压，造成一人死亡，十几人重伤或轻伤。为了抗议这一暴行，国民党上海支部于 30 日发动大规模罢工游行示威，最后有数千名工人和学生参加，日本和欧美列强采取强硬措施，导致出现死伤及多人被捕的结果。以"五卅惨案"为契机，上海全市都进入反帝爱国运动的高潮。

　　聂耳此时写了一篇题为《近日国内罢工风潮述评》的文章："自五卅惨案发生以后，国内罢工之风潮，纷纷四起……盖受资本家之压迫，生计之日高，工资不敷之故也……吾人欲免除罢工之患，非打破资本阶级不可。"[1] 可见聂耳与劳动阶级站在一条战线。

　　反帝运动、劳工运动的高潮时期，聂耳与普通群众一样，喜欢唱各种中外革命歌曲——《国际歌》《国民革命歌》《黄埔军官学校校歌》《工农兵联合歌》等。在学校或在家，他喜欢与朋友合奏《梅花三弄》《苏武牧羊》《昭君和番》等当时的流行歌曲。聂耳的求学热情并无减退，夜晚仍然到柏老师的英语学校或基督教青年会（晚上有英语课程）去上学，脚踏实地地在求学路上前进。

---

[1] 增订版《聂耳全集》中卷，第 13 页。

第三节　省立师范学校时代

参加共产党地下活动

聂耳很快就要初中毕业了，聂家没有经济条件供他升学，但聂耳心中渴望继续读书学习，他不断劝说母亲，提出继续学业将来对家庭经济亦有好处，最终获得了母亲首肯。聂耳决定报考云南省立第一师范学校，这所学校免除食宿费用，这能解决他的一大难题。报名之后，聂耳全力以赴备考，以第12名的成绩通过考试，入读英语组。1927年秋季，聂耳入住师范学校宿舍，这一年，他15岁。入学后他参加了学校共产主义青年团组织的读书会，寒假时他开始阅读马克思主义文献。

以"五卅惨案"为导火索，全国规模的反帝爱国主义运动高涨，为了联合广泛的统一战线，国共合作模式仍在维持，但孙文去世后，国民党左派（继承孙文的衣钵，主张与共产党合作的势力）与右派（以蒋介石为首的反共势力）的斗争愈演愈烈。蒋介石原来担任黄埔军校校长职位，地位比较低，1926年3月，他通过发动逮捕海军内部左派行动（中山舰事件），就任国民党军事委员会主席，由此掌握党内实权。同年7月，蒋介石就任国民革命军总司令，以统一全国为大义，发表"北伐宣言"，国民党军与北京政府及各地军阀进行的内战一直持续到1928年年末。

北伐对云南政治体制产生了影响。统治云南14年的唐继尧早已失去人心，人民怨声载道。唐继尧部下的龙云、胡若愚、张汝骥联合成功倒唐，此后胜利方经历内部倾轧，最后龙云掌握云南军政大权。

蒋介石为了排除北伐中共产党势力的扩张，再次实施"清党"行动，目标是上海，因为上海是苏联援助下共产党最重要的据点城市。"上海总工会"拥有由劳工组织起来的近3000人的"工人纠察队"，能够阻挡军队和警察的介入，类似自治政府的性质。上海租界的欧美资本家团体和中国财阀要求"恢复治安"，蒋介石与他们共谋，于1927年4月12日派遣右派团体袭击工人纠察队驻地，并武力镇压了抗议袭击事件的10万人规模的罢工游行。从12日至15日仅三天时间，死者及被捕人数由数百上升到数千，失踪人数约5000人。这就是著名的上海政变，即"四·一二反革命政变"。

云南的龙云闻势而动，加强镇压共产党势力。当时云南省共产党组织滇越铁路（1910年3月开通，连接昆明至越南北部城市海防）及位于东南部个旧锡矿区工人成立劳工会，发展党员数目在1927年上半年达到550名。龙云为了铲除共产党势力，成立"云南省清共委员会"，不断抓捕杀害地下党员。

云南地下党为支援狱中被捕同志，组织"济难会"（后改称为"互助会"），化装成亲戚朋友去看望狱中同志。聂耳也参加了济难会的活动。师范学校有一位教化学的段老师被捕入狱，聂耳受命于济难会去探望了这位段老师。兄长聂叙伦回忆当时情况：

聂耳看到段老师被带来了，憔悴的面孔简直变得一时辨认不出来了。因为隔得有点远，讲话听不清楚，只好大声地说："老师，我来看您家。"段老师惊奇地望着这个十六七岁的孩子，因为他只是上化学课，学生又多，平时没有什么接触，想不起来了，他问道："你是谁？我怎么不认识你？"聂耳说："我姓聂，我是您家的学生。"老师点了点头说："我的学生多，记不清了。你怎么还敢来看我啊？"聂耳说："我带来了一斤鸡蛋糕和两块银元，请老师收下。"聂耳把东西递给看守员。

经过检查，看守员转递给段老师。这时，段老师颤抖着双手接过东西，没想到已经判处了死刑，还有学生这么关心自己，心情万分激动，他流着眼泪什么也说不出来！聂耳安慰他说："段老师！我们许多同学都怀念您！我也是代表他们来看望您家！"[1]

反革命风暴肆虐

段老师不是共产党员，死刑最后被撤销。但那个时期有许多进步教师被捕入狱，遭受拷问和严刑。其中小学女教师赵琼仙引发关注，她是云南颇为少见的女共产党员，又是女性解放运动的领导，她宁愿忍受酷刑也不开口招供，最后被处死。聂叙伦这样描述聂耳得知此事的情形：

一天，我们正在家里吃饭，聂耳忽然匆匆忙忙地回来了。母亲招呼他吃饭，他低声地说："我不想吃。"以往他一回家，总是兴致勃勃地哼着花灯调或滇戏曲牌，可这天他脸上表情很异样，像有一肚子火

---

[1] 聂叙伦《少年时代的聂耳》，第98页。

要发作似的。我问他是不是生病了，他忽地用拳头在桌子上猛击了一下，愤愤地说："听人说今天要枪毙恩光小学的赵琼仙老师！她到底犯了什么罪？为什么要杀害她？！""哦？！"我也吃了一惊！关于赵老师，我听人讲过，她是一位热心教育工作的好老师，小学生们对她都很敬爱，她在群众中很有威信。那些在恩光小学读过书的人都说她教书认真，又关心学生。为什么要枪毙她呢？我放下碗筷对聂耳说："走！我们去看看"……一队荷枪实弹的士兵，解着三个反绑着手、脚戴镣铐的人走了过来。他们闪着仇恨的眼睛，高挺着胸膛前进。女的就是大家熟悉的赵老师，她双脚戴着镣铐，步履艰难……从人群中突然冲出两个小孩，边哭边喊："赵老师！赵老师！……"聂耳和我的泪水这时也忍不住夺眶而出。聂耳扒开人群就要冲上去，我紧紧地拉着他，生怕闹出事来连他也被抓走。[1]

反革命风潮中，对共产党的镇压越来越严酷，然而聂耳不为所动，1928年秋天，他瞒着家人和朋友加入了中国共产主义青年团，积极学习革命理论，经常上街贴传单。

1928年4月，国民革命军开始了第二次北伐，开进山东省。5月，日本田中义一内阁以保护日本人的名义出兵山东，占领济南，与国民革命军发生了武装冲突。据中方资料统计，中国军民死亡人数为几千人（日方统计是军民死亡数十人），这一事件被称为"济南惨案"，中国的对日情感极度恶化。

紧接着6月爆发了张作霖被炸死事件，这一重要事件引发中国反日情绪到达顶点。云南学生们呼应全国动向，奋起反抗日本的越界干涉。但是学生运动被政府认为是深受共产党影响的反革命势力，因此遭受彻底镇

---

[1] 聂叙伦《少年时代的聂耳》，第100—101页。

压。聂耳苦恼不堪：无论理想多么远大，无论如何抵抗，就连武装精良的政府或国民党都被击溃，那么继续延续这种不能产生成功的运动又有什么意义呢？挥之不去的挫折感时刻包围着他，他想，不如离开云南，到一片新天地去学习吧！然而，家庭经济状况却限制着他的行动自由。

音乐命运的再相会——学习小提琴

眼前迷雾一般的艰难与困惑，阻挡不了聂耳对音乐的热情。小学阶段就开始练习的笛子、二胡、三弦、月琴从未放弃，而且他的本领越来越高，他时常用这些乐器随心所欲地演奏母亲哼唱的云南民谣及中国传统音乐。升入中学后得到恩师柏希文的教导，聂耳见到了钢琴。但是他一直憧憬的小提琴，却还没有机会接触到。

有一天，聂耳听到附近传来陌生的弦乐声——这一定是小提琴的声音！美妙的乐声令聂家孩子们彻底着迷了。聂耳想，这是谁在拉琴呢？不知道主人愿不愿意把乐器借给我呢？能不能教我拉琴呢？想了半天，他出门循声寻找，原来是前不久搬来的青年张庚侯在拉琴。张庚侯比聂耳年长，是个温厚可亲的人。聂耳直率地对他说："你拉得真好，能请你教我拉小提琴吗？"张庚侯回答说："噢，你就是聂家的老幺啊。"他爽快地答应了聂耳的请求。

往来于张家的小提琴课程开始了，这期间聂耳认识了张庚侯的音乐同好廖伯民，廖伯民时任滇军某师副官长，小提琴是他的。后来这三人几乎每日见面，在一起谈音乐，合奏乐曲。聂耳与张庚侯的相遇，与结识柏希文一样，都是塑造未来音乐家命运的关键。不久后，张庚侯在昆明师范附属小学当了音乐教师，在当地安身立命。在张庚侯的引荐下，聂耳年轻的身影经常出现在昆明的音乐会及舞台上。聂耳进而认识了张的近亲——袁春晖，开始了一场年轻的恋爱。

为小学校歌作曲？

聂耳经常去昆明师范附属小学拜访张庚侯，很快与其他教师及孩子们也熟悉起来，据说他与张庚侯合作（张庚侯作词，聂耳作曲）创作了小学的校歌。聂耳兄长聂叙伦的著作里也提到过，但这首曲子是聂叙伦的女儿聂丽华后来才找到的，所以当时人们并不知晓详情。聂丽华调查了聂耳恋人袁春晖的回忆，1982年在当地报刊《云南日报》上发表了题为"发现聂耳处女作"的文章。[1]

关于这首校歌，聂耳研究者崎松表示："这首曲子和后来创作的革命歌曲相比，虽然还不十分成熟，但是却已经充分显示出聂耳的音乐才华。这首歌的旋律曲调与聂耳后来创作的电影《桃李劫》（1934年上映）主题歌《毕业歌》相似，当然后者又有了进一步的发展与变化。"[2] 而中国艺术研究院音乐研究所研究员，新旧两版《聂耳全集》执行编辑、常务副主编向延生否定了这首校歌是聂耳作曲的说法。向先生在2006年玉溪市召开的"聂耳音乐学术研讨会"上列举了证明自己观点的依据：1. 没有任何当年的乐谱、文字等实物留存下来。2. 1931年9月21日聂耳在日记上写道"我完成了第一部作品"，那么他的处女作不是校歌而是后来的1931年作品。3. 聂耳与张庚侯来往的书信及张遗留的文章中从未出现过两人合

---

[1] 聂丽华《聂耳写的第一支歌》，崎松主编《国魂颂——纪念聂耳散文集》，云南民族出版社2008年，第207—208页。
[2] 崎松《聂耳与玉溪》，云南民族出版社1999年，第173页。

作创作校歌的事情。[1]

　　根据向延生先生的研究,崎松撤回了自己的观点,他表示:"八十年岁月过去了,作曲者、作词者和知道这事情的人都故去了。我认为校歌可以不列入聂耳作品集,等待今后进一步的研究。"[2]

---

[1] 云南聂耳音乐基金会、玉溪聂耳音乐研究课题组编《聂耳音乐研究文集》,中国文联出版社2006年,第160—164页。此文收录于增订版《聂耳全集》上卷,第297—301页。
[2] 崎松《聂耳研究杂谈》,云南聂耳音乐基金会编《基金会会刊》2007年总第3期,第45页。

第四节　苦难的军队生活

应征加入国民革命军

　　1928年冬天，聂耳进入师范学校已经过了三个学期。他依然对无法改变的社会状况感到苦闷烦恼。这时他听说一个消息，隔着贵州省的东邻湖南省郴州驻军的国民革命军第十六军正在招募学生兵。第十六军母体原为云南新军，军长范石生出身于云南陆军讲武堂。他与朱德领导的中国工农红军有联系，朱德是红军的主要缔造者，同样出身于讲武堂。因此学生们自然认为第十六军是革命派。

　　聂耳与大多数年轻人一样，想利用参军的机会来改变未来的人生道路。学科考试和体检都毫无悬念地通过了，一想到家人知道他去参军必然会加以阻拦，所以聂耳瞒着家人，偷偷地参军上路了。

　　聂耳家人发现家中小儿子几天都没回家，担心得像热锅上的蚂蚁一样不知如何是好，此时，从距离昆明大约200公里的开远县（现今云南省红河哈尼族彝族自治州开远市）寄来了一封信，一家人才知道参军的前因后果。聂耳在信中说，师范学校的学习已经满足不了他的内心，为了追求新发展，他决意离开云南，请家人不要担忧。但这封信并没有消解家人的不安。

聂耳加入第十六军离开云南的日期是1928年11月30日。当时从云南出发到湖南——其实也不仅仅是湖南，到任何外省去——必须经过滇越铁路（现在的昆河线）先到越南，从越南的海防坐轮船经过香港到广州，再从广州从陆路北上。

聂耳在这次旅程中遭遇了一件刻骨铭心的事情，这对他后来思想的发展产生了巨大影响。离开昆明的第二天，一行人在开远县（家书就从此地发出）住了一晚上，等待第二天清晨发往河口的火车。聂耳等学生兵们在站台上谈天，这时对面站台开往昆明的火车发动了，但突然间喧哗鼎沸，人们吵嚷着说刚发动的火车撞倒了一个女孩。聂耳他们跑过去，发现铁轨转弯改道的附近，一个大概十岁的女孩躺倒在地。她的膝盖以下血肉模糊，双脚不见踪影，手里却还挽着一个竹篮，看上去双足被火车碾压，但性命还在。

女孩子疼痛难忍，尖声哭喊，叫唤着母亲的名字。她喊着："谁有刀，谁有枪啊，杀了我吧！疼死我了！"围观中有人叫列车员快送女孩子到医院去，也有人冷冷地说："这丫头总是无票乘车，死了也白搭。"这样冷漠的言辞引起周围人的反感。

发往河口的火车缓缓进站，第十六军一行人怕耽误行程，慌忙返回站台，上了火车。火车发动启程，就像什么事情都没有发生一样。聂耳惦记着受伤的女孩，心中不安，同行者有人了解这个女孩的身世，给他讲起了女孩的故事。女孩的双亲是开远县贫苦农民，为了帮补家计，她每天坐火车到小龙潭捡煤渣换钱。一篮子煤渣只能换不到一元钱，还够不上火车票钱。所以她每次都扒在车厢连接处无票乘车。今天她也像平时一样待在老地方,没想到被越南乘务员发现。她被扔下火车时,不幸地被另一列刚发动的火车撞倒。

这个悲惨的事件成为无法忘却的记忆,深深刻入聂耳敏感的内心。他同情那个为贫穷家庭吃苦卖力的年幼生命,他痛恨对贫民视若无睹的政治。看着这个对穷人苛刻残酷的社会,不断涌出的反叛之念塑造了聂耳"人民音乐家"的立场。

绝望的军队生活,从军队退伍

第十六军经过香港、广州,于1928年12月9日清晨乘火车到达韶州(现在的韶关)。此后军队开始了徒步行进。经过桂头、乐昌、廊田等地,12月15日终于到达湖南省郴州驻地。这时离开昆明已经有半个月了。学生兵们立即被当作新兵分配到郴州驻军,制服、军帽、雨衣、皮带、绑腿等用品纷纷被发放给个人。聂耳最终在军队只待了三个月,然而这短短的三个月对他来说却是残酷的体验。严格的操练是一方面,另一方面,军服和寝具单薄得不足以抵御严寒,夜里冻得无法入睡,食物也经常不够吃。

操练时聂耳动作迟缓,经常惹怒教官。革命派第十六军的实际情况和军队生活与想象中革命派的差距悬殊。军队毕竟只是军队,学生兵们遭受着非人的待遇,军规混乱,腐败横行。

聂耳很快就对自己的选择感到后悔。他积极疏通同乡的下级士官,希望改变现状。努力奏效了,十几天后,聂耳由一名新兵升级为连队的文书上士(负责文书的士官)。此后,他最不擅长的军事操练虽然被免除,但许多杂事加于一身,每日仍然疲乏不堪。

聂耳这段时期的日记里充满着苦涩。"我已知道我的事业,我的希望,都同冬日的积雪遇到阳光消溶了；夏日的游丝，遇到罡风飘逝了。""以前的一切希望，现在只是投入失望的海底。"[1]

以蒋介石为总司令的北伐军，在统一全国的舆论支持下打击各地军阀，虽然讨伐一度遇到停滞，但最终于 1928 年 6 月占领北京。前述张作霖被曝皇姑屯事件后，张学良继承父业领导了奉系军阀，12 月 29 日张学良东北易帜，第二次北伐宣告结束，由此国民党完成了统一中国的事业。此后，以蒋介石任主席的南京国民政府延续至 1932 年。第十六军被编遣的某些军官将调往至广州的第八路军总司令部所管辖的军官学校（黄埔军校）。聂耳听到这个消息，决定自己必须要想办法加入这个调遣团体，脱离目前状况。于是他直接找到范石生提出诉求，对方最初根本不理睬他，但禁不住聂耳的软磨硬泡，最后同意了。聂耳在关键时刻表现出来的执着和韧性令人惊诧。

1929 年 3 月 28 日，聂耳跟随第十六军赴广州。但到了广州，他却没有被黄埔军校分校录用。他原本既不是军官，也没有任何文凭，因此军校没有聘用他的理由。起初动了软心肠的范石生如今也不再照顾他。聂耳拿着军队发给他的 75 元退伍补贴，独自漂荡在广州城中。

接下来该怎么办呢？被军队除名也算是意外的幸运，但在这个人生地不熟的城市无依无靠，不如归去，不如返乡吧。正想到这里，街上张贴的广告忽然映入聂耳眼帘：广东戏剧研究所附属戏剧学校音乐班招募特长生！聂耳立刻参加了应试，天生的音乐和戏剧优势使他非常轻松地通过了考试。广东戏剧研究所的发起人正是中国现代戏剧发展的奠基人欧阳予倩，他曾经留学于日本明治大学、早稻田大学，是中国话剧运动的创始者之一，同时也是一名著名的剧作家。聂耳对即将到来的新生活充满了希望。

但是希望又逐渐变为失望。聂耳入学后很快发现学校只教授广东当地

---

[1] 增订版《聂耳全集》中卷，第 231 页。

1929年,聂耳(右)与友人在广州的合影

的地方戏粤剧的乐器演奏课程，只有粤剧所使用的铜锣、大鼓、月琴和古筝的演奏，单调无聊得很，既没有高级的音乐理论，也没有远大的教育理想。他后悔自己的轻率，没仔细调查就申请入学，既然学非所想，继续待下去也是枉然，因此他决定退学。[1] 梦想化为泡沫，眼前只剩下返回故里一条路了，难题是旅费怎么办。无可奈何中，聂耳给母亲写了家信。

等待家里寄钱时，聂耳偶然在广州的街上遇到了同乡的教员，借到了回乡的旅费。1929年5月6日，离家大约半年后聂耳又重新踏上了昆明的故土。后来聂耳经常和周围的朋友说："理想是直线，现实是曲线。"他在军队、广东戏剧学校的经历看上去似乎是一条直线的理想，但事实上道路曲折，与理想差距很远。他说的这句话大概是从自己的经验中提取出来的警句吧。

聂耳的音乐之志和革命之梦暂时破灭，但这半年体验到的经验和教训绝不等于零。

---

1 然而聂耳与欧阳予倩之间却有不浅的缘分。欧阳予倩与《义勇军进行曲》词作者诗人田汉为挚友。而聂耳赴日本时，帮助他给日本剧作家秋田雨雀写介绍信的正是欧阳予倩。

第五节　离开故乡

复学，再次迈入音乐的世界

聂耳回到昆明，获得学校校长等人的理解，得以复学就读于云南省立第一师范学校，重返三年级。这个时期，他在笔记和日记里关注着卡尔·马克思的生平和阶级斗争、唯物史观、剩余价值等《资本论》中的重要概念。

日记里还提到师范学校的授课。例如复学后一年 1930 年 3 月 19 日的日记记载了当时的课程表。[1]

聂耳的专业是英语，所以多为文科类课程，像文学史、诗文选、小说（作文与创作）及小说读本（小说作品的讲读和鉴赏）、翻译（把英语文本翻译成中文的练习）等。日文是他选的第二外语。聂耳从中学开始就对日语产生兴趣并自学。这与云南籍先贤多有留学日本的传统，以及兄长聂叙伦当时在大阪工作（就职于云南远东皮毛公司的大阪分店）等原因

---

[1] 增订版《聂耳全集》中卷，第 252 页。

有关吧。

	8—9	9—10	11—12	12—1	1—2	2—3
一	文学史	文学史	作文	作文	文法	文法
二	历史	历史			教学法	教学法
三	地理	地理	军事操	军事操	翻译	翻译
四	尺牍	尺牍	哲学	哲学	日文	日文
五	诗文选	诗文选	教行政	教行政	翻译	翻译
六	小说	小说	小说读本	小说读本		

"教学法"是以心理学等理论为指导的实践教育学的方法论课程，与"教育行政"一起，是以培养教师为目标的师范学校的特有学习科目。"尺牍"是固定格式的信函的写作指南。古代中国在长度为一尺（古代约为23厘米，现在是33厘米）的木简上写信，所以叫作"尺牍"。

复学后的聂耳重新对音乐充满兴趣。他与朋友们组成音乐小组，《伏尔加船歌》和舒曼的《梦幻曲》是他们经常歌唱演奏的曲目。因为参军而中断的小提琴训练重新找回了感觉，技艺不断提高。小学里演儿童音乐剧邀请他去伴奏，演奏当时颇为流行的黎锦晖的《三蝴蝶》。除了音乐，聂耳还喜欢说笑逗闹，他吹竹笛、模仿别人说话、玩魔术、跳踢踏舞，他总能发挥十足的逗乐功夫，令亲朋好友乐不可支。聂耳学业优秀，勤奋认真，同时他性格里富有百变的幽默细胞，身边的朋友都熟知他与生俱来的表演才华。

云南内战与大事件

聂耳暂别半年的云南,依旧处于龙云的强权统治,与龙云合作共同将唐继尧拉下马的胡若愚、张汝骥等军人对龙云的独裁深感不满。

聂耳复学后不到两个月,1929年7月上旬,胡若愚和张汝骥发动军事政变,此时龙云接受蒋介石的要求,正忙着追剿贵州的周西成。就在胜利在望时,胡若愚与张汝骥举兵进犯昆明市中心。龙云接到谋反的情报,立即收兵返程,击退了胡、张联合军。这场骚动闹得最凶的7月11日,发生了重大事故,昆明市内守备所用大炮的炸药在搬运中发生了爆炸。炸药的连锁反应引爆了堆放的更多炸药,爆炸声震耳欲聋,市区陷入一片混乱。

受灾的正是人口集聚的街区,死伤惨重,据后来昆明市受灾者救济委员会的统计,死者320多人,重伤579人,受灾房屋3200户,受灾总人数(除去死者和重伤者)12200人。统治者们争权夺利的内讧争斗中,成千上万的无辜百姓成了牺牲品。[1]

为了救助无家可归的受灾群众,龙云所统领的省政府[2]成立了救济委员会,开始帮扶工作。民间则有"七·一一青年救济团",聂耳第一时间成为这个组织的主要成员,为救援活动奔走忙碌。在这些活动中,聂耳认识了张鹤,两人成为挚友。张鹤是东陆大学预科学生,不久即赴日本留学,后来聂耳逃亡到日本,在东京迎接和关照他的就是这位好朋友。[3]

然而云南省政府当局却认定青年救济团的背后主导是共产党势力,对

---

[1] 石岛纪之《雲南と近代中国——"周辺"の視点から》,青木書店2004年,第164页。
[2] 当时龙云受命于南京国民政府,任国民革命军第十三路军总指挥,他掌握云南军权,同时稳坐云南省政府主席的宝座,云南一直在他的掌控之下直到1945年,因此龙云被称为"云南王"。
[3] 好友张鹤在聂耳死后辗转于亚洲各地,1941年29岁在昆明死于肺结核(东京留学时代即罹患此症),他被埋葬于昆明西山聂耳旧墓的附近。张鹤曾以"张天虚"为笔名写作自传体小说《铁轮》,他在东京时期的友人杜宣将他的小说以及其他遗作整理出版,1984年由云南人民出版社出版《天虚文集》。

他们的活动充满警戒。南京国民政府以慰问受灾为名派遣云南籍高官李宗黄（云南籍中央委员、国民党陆军中将）视察云南。蒋介石的真正目的当然是为了监视龙云和青年救济团。

为了迎接李宗黄的访问，昆明市内召开了慰问大会。当李正在演讲时，群众中突然发出了"打倒国民党！打倒蒋介石！打倒帝国主义者！"的喊声，同时各处响起了爆竹声，烟火弥漫，会场陷入混乱，大会被迫中断。云南政府当局颜面扫地，即刻逮捕了7名人员，其中包括聂耳的同学甘汝松。三个月后，7人全部被处以枪决。这个事件后，青年救济团被迫解散，昆明笼罩在一片白色恐怖中，聂耳也被省政府圈定为危险人物。

聂耳无法接受同学被枪决的事实，他认为政府的暴行蛮横之极，他终日愤懑而忧郁。同学中思想情感一致的朋友与他一起，把心中无法排遣的力量集中到戏剧活动上。1929年10月末，以聂耳为中心的戏剧研究会举行了第一次公演，在学校舞台上演了《罗密欧与朱丽叶》，聂耳饰演了朱丽叶。他的才华中包含演员素质和能力，后来他到上海谋生，也曾在电影公司的作品里多次扮演配角。

初恋及苦恼

这一年的年末至翌年春天，聂耳恋爱了，爱情给他带来了不少苦恼。初恋的对象是张庚侯的近亲袁春晖。袁春晖比聂耳小一岁，和张鹤一样是东陆大学预科生。她个子小巧，长着娃娃脸，性格文静，是个可爱的姑娘，同时她也是张庚侯组织的音乐小组的成员之一。袁春晖的祖父是云南的状元袁嘉谷，父亲是师范学校的国文老师，父亲早逝，家道中落。母亲一手把袁春晖养大，相似的家庭境遇令聂耳与袁春晖一见如故，两人常常到昆明城外南郊散步谈心，陪伴他们的是5月漫山盛放的玫瑰花田，有时候还到西山风景区去远足。20世纪20年代末的昆明，城中若有青年男女相伴而行，难免引起流言蜚语，所以他们的约会总是选择在郊外。

据兄长聂叙伦说，聂耳母亲也喜欢袁春晖，积极动员儿子成婚。在当时，子女十几岁由家长决定婚姻大事是非常正常的。但是聂耳却拒绝了，他觉得为时尚早。在此之前，母亲也曾经找熟人为儿子相亲，聂耳从来不肯听从。

聂耳爱恋袁春晖，但是他又顾虑重重：他们俩都还是学生，自己总想有朝一日走出云南，到繁华都市去见见世面，这样的话，婚姻也许会成为羁绊——十七八岁年轻的踌躇确实情有可原，尽管当时他的年龄足可成婚。

事实上，翌年聂耳真的离开了昆明。1930年1月15日的日记这样写道：

> 晚上，天空悬挂着一个非常明亮的月亮，张君（张鹤）同我散步到翠湖，我有一种想法：
> 1. 我不能够把C^1从我的"想念"里除去。
> 2. 我不可能把C从我的"爱慕"中除去。
> 3. 若我同C离别，我没有把握我会同另外一人。
> 4. 若是我牺牲了我的想念，我不可能满足C的希望。
> 5. 其"结果"是：我艰苦地进行我的"想念"。[2]

从他的日记里，我们可以看到聂耳在分析自己的恋情，试图在彷徨犹豫中追寻答案。关于这场恋爱的结局，下一章将会详细论及。

1　代指袁春晖。
2　增订版《聂耳全集》中卷，246页。

迫在眉睫的危机

  1930年的春节，聂耳与戏剧研究会的同好们赴玉溪公演新排的话剧《春闺怨》，这出戏由元代著名剧作家关汉卿的《拜月亭》改编而成。主人公是一位勇敢的女性，在异族统治的黑暗时代，她敢于与腐败凶恶的官吏做斗争，聂耳饰演了主角。大概是因为《春闺怨》描绘的故事与云南当时的现状接近，演出获得了巨大成功。

  这出戏好评如潮，消息传至昆明，引起了政府当局的注意，当局认为戏剧研究会的背后有共产党的支持，而研究会的领导人聂耳成为他们的眼中钉。

  4月24日深夜，武装宪兵冲入学校宿舍，带走了聂耳隔壁的三名学生。聂耳感到危机迫在眉睫，5月30日，他得到消息说政府下一步目标就是自己。消息来自兄长聂叙伦的友人，他偷看到自己在司法部门工作的父亲书桌上有一份黑名单，偷偷地将消息传给聂叙伦。大概是早前被捕的学生供出了聂耳吧。

  再也不能坐以待毙了。姐姐蕙茹提议逃回玉溪，在那里找个教职就能过日子。事实上，玉溪的教育局长曾经答应聂耳等他师范学校毕业后就帮他找一个英语教员的职位。但是玉溪也在省政府的管辖之下，离开云南省才是上策。但是旅费怎么解决呢？逃走后安顿下来又靠什么生活呢？眼前困难重重，家人商量决定让聂耳先在亲戚朋友家藏起来，等有了眉目再离开昆明。

  在大阪工作的聂叙伦正巧返乡探亲在家，二哥子明（次子，原名守诚）在离昆明以西170公里的楚雄县邮局工作，不在家。父亲前妻的两个孩子（长子守拙、长女兰茹）与家里已经疏远，如果聂耳离家，那么家里就剩下母亲和姐姐蕙茹了，家中无男子，总是让人担心。所以聂叙伦打算

1930年，聂耳（前）与他的音乐朋友张庚侯

让聂耳代替自己远赴大阪去工作，于是立即询问公司的意见，没想到答复令人大吃一惊。日本本土皮草价格一落千丈，公司破产，大阪分店已经倒闭。此时正是世界经济大萧条时期，1929年10月，华尔街股票崩溃，造成令人恐慌的金融危机。

幸而公司本部提出了一个新方案：皮草生意不做了，转做烟草生意，从上海批发便宜的香烟运到昆明去卖，请聂叙伦到上海做筹备工作。聂叙伦觉得这是个好时机，立即向公司举荐弟弟。聂耳接受了面试，很顺利地被公司雇用了。到上海的旅费自然由公司负责，而且到了上海，云南省政府就鞭长莫及，于是聂耳家人都松了一口气。接下来只要办好签证（要经过法属越南，所以需要法国领事馆发放的签证），准备行装，自然万事皆备。

从5月份得知自己有被逮捕的危险，经过两个月的计划和安排，手续已经都齐备了。7月10日，离乡出发的日子终于到来了。临行前夜，家中办了欢送宴，母亲做了聂耳最喜欢吃的菜肴，家里从来不喝酒，母亲却买来了一瓶。总是热闹非凡的饭桌这天晚上却静悄悄，大家默默地夹菜，最落寞的是母亲。

大概是为了打破沉重的气氛，聂耳突然站起来提议干杯。干了一杯后，又让大家行酒令，定一个人做指挥，大家一起吃饭吃菜，指挥喊停时即保持动作不许动，谁动了就罚一杯酒。于是大家顿时活跃起来，歌声也响起来了。

平时不怎么在众人面前唱歌的母亲也唱起了民谣。邻居的女孩子听到欢声笑语也赶来串门，她要聂耳拉一首小提琴，于是聂耳表演了舒曼晚年创作的《梦幻曲》，欢送宴在悠扬平和中结束了。为了躲避危险，聂耳当晚到朋友家（下一章将会提到，这位朋友是后来成为袁春晖丈夫的李夬若）过夜。

第二天清晨，聂耳返家与众人道别后就出发去昆明火车站，兄长聂叙伦跟随相送。到了火车站，张庚侯等少数好友已经久候多时，彼此依依惜别，互道珍重。聂耳沿着一年半前参军的路线远行，越南、中国香港，脚步到达比湖南更遥远的目的地——上海。聂耳逃离云南的心情是悲壮的，但他的旅途似乎非常顺利而愉快，他还结交了同行的朋友。轻松的旅途上，年轻的心梦想着有朝一日衣锦还乡，对大都会的无限憧憬与对音乐事业的雄心壮志激荡于胸，但他，却完全不知道自己再也无法踏上返乡之路。

第二章

动荡的上海——钻研音乐与初恋的结局

第一节　在香烟批发店工作

20世纪30年代初的上海租界

　　大约是1930年7月24日[1]，离开昆明两周后，聂耳到达上海。大都会上海，映在18岁的聂耳眼中，会是怎样的一幅景象呢？一个来自边境小镇的年轻人，被林立的西洋式高楼大厦所包围，目睹弥漫欧洲气息的繁华外滩，心中该是多么动荡不安啊！1959年为纪念中华人民共和国成立10周年而拍摄的电影《聂耳》[2]，银幕开头出现聂耳到达上海港的场景，然而并没有外滩景象，只有青年聂耳伫立面对波澜起伏的海面。

　　"五卅惨案"之后，上海的反帝运动高潮持续高涨。蒋介石政权依然以那些听从欧美列强的买办资本为后盾，对革命运动进行无情镇压。

---

[1] 旧版和增订版《聂耳全集》的年谱都记载到达时间是7月18日，这是错误的。聂耳给张庚侯的信中写道：18日到香港。大概把到达香港的时间误认为是上海了。王懿之在《聂耳传》（上海音乐出版社1991年）中指出旧版全集的这个错误，但是增订版并未订正。

[2] 导演郑君里，海燕电影制片厂作品。饰演聂耳的是当时上海电影界的大明星，同时曾与聂耳保持友好关系的赵丹。

聂耳在8月1日写下了到达上海后的第一篇日记。这时他已经在上海生活了一周，烟草店的工作业已开始。他寄宿在烟草店"云丰申庄"（云丰是商号，申庄即上海分店）的二楼，驻店员工的日子就这样拉开了序幕。这一天，是中国共产党最早的武装起义"南昌起义"三周年，街道周边充满反帝国主义运动的火药味。聂耳的日记记录当天他早早下班，打算到市中心看看情况。到了市中心，发现租界警备森严，工人、学生们无法集会。他途经"天一影片公司"，好奇心一动就偷偷迈进了这家电影公司，由于无人阻拦，他在缝隙中观察到拍摄电影的场景。[1]

聂耳在上海最早写给家人的信是8月31日写给兄长聂子明的一封回信。信中说，他迫切地盼望家乡的来信，今天终于盼到了。与逃离昆明时的仓皇与困难相比，上海的生活安静而单调，他希望家人不要忧心。信中报告，因囊中羞涩，穷得不敢随便花钱吃一餐午点或夜宵，也不敢外出游玩，仅去过一次"大世界"[2]；店铺的人际关系处理得不错，能抽空自学英文和日文。最后他请兄长相信，聂耳"决不会误入歧途的"。[3]

正如聂耳信中所报告的那样，他确实在工作之余勤奋学习英语和日语。8月6日的日记这样写道："到商务印书馆买《日语读本》、《英语周刊》，又到'群益'买《英语小丛书》，我高兴极，回来便看。"[4] 从日记的描述中我们可以想象到聂耳挤出有限的零花钱购买外语书籍全心全意学习的样子。

日记还记录这样的事情：聂耳回到住处看书，正看得津津有味，突然听到近处传来少年们的歌声，唱的是《三蝴蝶》《春天的快乐》《卖花词》《无锡景》《毛毛雨》等流行歌。他侧耳听来，歌声唤醒往日情怀，与昆明

1　增订版《聂耳全集》中卷，第271页。
2　1917年开设的上海最具代表性的综合娱乐场所。
3　增订版《聂耳全集》中卷，第135页。
4　增订版《聂耳全集》中卷，第272页。

友人共度的美好时光涌上心头，聂耳此时多想与少年们共同歌唱啊，要是能用小提琴为这美好的歌声伴奏，那该多么幸福啊。

聂耳离开昆明的四个月前，中国左翼作家联盟（通称"左联"）在上海成立。[1] 此后中国左翼戏剧家联盟、中国社会科学家联盟、中国左翼美术家联盟等全国规模的文化组织相继成立。1930 年 9 月 7 日，这些团体共同发表了抗议国民政府"文化围剿"的宣言。但国民政府不改强硬态度，进一步加强法西斯专制的镇压策略。在严酷的社会形势下，各大团体不屈不挠地联合文化上的统一战线，1930 年 10 月末，八个团体结成了中国左翼文化界总同盟。

11 月 7 日是苏联十月革命纪念日，这一天，中国左翼文化界总同盟计划组织大规模游行示威活动。然而警察与军队早已警戒，已然没有集会或游行的余地，因此总同盟采取了称为"飞行集会"的游击战策略，白天在人群密集的场所撒传单，夜晚在建筑物墙壁上贴传单。聂耳也在街道上接到了传单，他关注总同盟的运动，但因工作事务繁忙，并没有余力参与。他在日记中写道：

> "十一月七日"已在我脑里荡漾了好几天！我对它有着无限的希望和高兴。报纸上边的日期往日不会十分引我注意的，但今天 T 先生[2] 把《申报》买回来时，首先触到我的眼帘的便是"十一月七日"，我的心微微地一跳，有如看一个周游全球的飞行家驾着飞机将要落地

---

[1] 1930 年 3 月 2 日左联成立，在北京、东京等地有支部，约有 300 名文学家参加。左联的前身是在中国共产党文化组织影响下成立的维护职业作家权利的"中国著作者协会"。这个组织解散后，共产党以中央宣传部内设立的文化工作委员会为中心建立了新的左翼作家组织，1930 年 3 月 2 日，伴随着鲁迅的加入，左联宣布成立。但由于相对封闭、与其他团体的势力斗争、国民政府镇压、鲁迅派与党团派的内部分裂等原因，左联于 1936 年初解散。

[2] 后文将出现的云丰申庄店长段维善。

时一样的兴奋和愉快。[1]

苏联伟大的十月革命已经过去了 13 年，苏维埃政权稳固地代表着工人、农民、士兵的利益，苏联的成功不仅给中国，同时给全世界渴望社会变革的贫苦人以无限的希望。

聂耳工作的烟草批发店云丰申庄所在的建筑物位于上海苏州河的东北岸边，法国梧桐林立的公平路 185 弄，这栋楼一直保留到最近几年。上海市虹口区人民政府把聂耳居住过的二层指定为历史纪念场所，墙壁上贴着"聂耳故居"字样的铜牌。但随着城市开发建设的步伐，这一带被列为拆迁地区，虽然有人开展保存运动，但最终没有成功。2014 年 6 月 16 日，因为火灾，建筑物大部分被烧毁，幸运的是，聂耳居住过的东部无碍，由此保存聂耳故居的呼声重新高涨，在这里建立"聂耳纪念馆"的计划也被提上日程。

云丰申庄包括新员工聂耳也不过 3 个人，是个小小的批发店。店长是昆明总店老板薛振卿妻子的弟弟，叫作段维善。照片里的段维善中等身材略发福，蓄八字胡，年纪不过四十出头。老店员高端昌是个高个子的潇洒的回族青年，比聂耳年纪略大。店铺工作很简单，从同样是公平路上的南洋兄弟烟草公司批发进以"大联珠"牌子为主的香烟，然后邮送至昆明总店。南洋兄弟烟草公司离公平码头较近，入货发货均便利。高店员和聂耳负责入货、发货、记账，每天忙忙碌碌，奔走于店铺和码头之间。1959 年的电影《聂耳》比较完整地描述了聂耳这时期的生活状态。

聂耳最初进店是包三餐的驻店店员，不提供薪水。一个月的试用期结束后，他终于获得每月 15 元的工资，然而 15 元的生活仍然紧巴巴。

---

[1] 增订版《聂耳全集》中卷，第 278 页。

1931年,上海云丰申庄全体店员合影(右为聂耳)

参加政治活动，练习小提琴，遇到同乡

聂耳工作了3个月，到了十月革命纪念日时，他已经习惯了新生活，认识了后文将提到的同乡前辈郑雨笙，通过郑的介绍，聂耳加入了中国共产党领导的民众组织——反帝大同盟。对于聂耳来说，加入进步组织是自然而然的行为；但在家人眼中，参与政治、社会运动难免再遭遇危险，他们忧心忡忡。前面提到8月家信里写道"请相信我绝不会误入歧途"，即是向家人保证今后不会再涉险境。然而3个月后加入反帝大同盟时，他是否意识到自己打破了誓言呢？正如家人担心的那样，聂耳对革命的梦想和热情不是那么容易放弃的。

国民政府对左翼活动的镇压愈演愈烈，翌年2月，中国左翼作家联盟的柔石、胡也频、殷夫等20多人被逮捕，于上海南郊龙华寺刑场被枪杀。作家、思想家、活动家们就这样被无情地剥夺了生命，仅仅因为他们代表默默无闻的劳动者振臂高呼，喊出了劳动者的心声，如此残酷的时代。

这时候，聂耳突然获得了一笔意外之财。昆明友人张庚侯、廖伯民在家乡开了一个电影院，拜托聂耳在上海找一些电影胶片拷贝。聂耳很诧异张庚侯的转变（聂耳离开昆明时，他是小学教师），但友人托付之事不能怠慢，他想办法从上海的电影公司（明星电影公司和天一电影公司）租来电影胶片，寄回故乡。作为谢礼，张庚侯寄给聂耳100元钱。

聂耳立即将50元寄给母亲，剩下的钱购买乐谱、过冬的冬衣，还有多次在二手乐器铺前徘徊，他魂牵梦绕的那把小提琴。有了这把小提琴，下班后他沉浸在乐曲练习中。电影《聂耳》里有一个场景：赵丹扮演的聂耳从房间走出来，顺着狭窄的楼梯上到阳台，在那里动情地拉动琴弦。此时的聂耳并不知晓，几个月后，这把借助友人好意而购得的小提琴，加上

每日忘我的勤奋练习,成为拯救他生活的福音。

聂耳在工作之余惜时如金地学习外语、练习音乐,然而他的周边环境却并不适合一个忘我苦学的青年人。段店长和高店员每晚呼朋唤友,终夜不休地打麻将,噪声嘈杂,聂耳不胜烦扰。在同僚眼中,聂耳年纪轻轻却不会打麻将,是个终日只会拉琴和学习的怪人。

但聂耳在上海也并非孤独无助,介绍他加入反帝大同盟的玉溪老乡郑雨笙(又名郑易里,1906—2002)是最为可靠的前辈友人。郑雨笙性格活泼外向,家里是开腌菜铺的,他负责上海南京路附近的一个分店。其实郑雨笙是个共产党员,后来成为向聂耳传播马克思主义理论的重要人物。

聂耳还有一个比他大两岁的中学校友——艾思奇(本名李生萱,1910—1966)。艾思奇后来成为著名的哲学家,当时他在上海任中学教师,是反帝大同盟的活跃分子。聂耳的住处离艾思奇家不远,所以他时时拜访艾思奇,请教马克思主义理论问题。后来,聂耳逃亡日本前,将自己的藏书寄存于艾思奇家,可见他俩关系非比寻常。

同乡前辈的帮助和关怀令聂耳在茫茫繁华都市中找到一丝安身的温暖,他终于在上海稳定了生活,对反帝国主义思想和马克思主义理论的理解和思考日渐加深。

第二节　加入联华歌舞学校

丢了香烟店的工作

1931 年 3 月，昆明云丰总店因逃税被告发，受到稽查后被课以大额罚金，于是不得不破产倒闭。上海分店自然难逃劫难，店中三个人都失业了。聂耳在 3 月 19 日的日记里这样写道：

> 青天白日中突来一个霹雳……这事显然在不久的将来要给我一个生活的变异：回去吗？还是找别的事？[1]

第二天，聂耳即托朋友寻找新工作，然而徒劳无功。同月 27 日的日记这样写道：

> 想到将来生活的窘迫和回云南的无意思，使我不知不觉地逛了多

---
[1] 增订版《聂耳全集》中卷，第 301 页。

少马路。在黄浦滩徘徊着的时候，显然是在广州时一样的情境又摆在心头。[1]

好在事情很快有了转机。28日，聂耳在《申报》角落里发现一则招聘广告，上海联华影业公司[2]旗下的歌舞学校正在招募实习生。除了女子歌舞团，乐团也招募3名男子。应募要求如下：年龄15—22岁，学历初中毕业，正式学习过乐器或声乐，或者能读谱并能演奏某种乐器。聂耳手持这则广告的一刻，心中也许恍然如梦吧。他参加了招聘，首次面试合格后参加了为期一周的集训，这一周提供午饭和晚饭。如果此后的第二次面试合格，就能获得提供食宿和每月10元零花钱的待遇，而正式薪水是6个月试用期结束后才能决定的。招募的最后期限写着是3月末。[3]与广州的情形一样，聂耳不假思索地去面试了。除了能学到音乐，还能提供食宿，可遇不可求的良机啊。但聂耳有过广州的遭遇，他高兴之余也冷静地分析状况，他在日记中写道：

不料在报上又碰到一个机会，我想是有去试一试的必要。

经了几次的失望，以后再不敢有奢望了。所以今天虽然报了名，准予投考，我还是看作当有当无的事。[4]

1　增订版《聂耳全集》中卷，第304页。
2　电影作为新生事物出现以后的19世纪末以来，上海是中国电影的根据地。1931年"九·一八"事变爆发，日本开始入侵中国，中国社会的抗日情绪高涨，引发中国电影界的改革。在左翼知识分子的积极参与下，联华影业公司及明星影片公司等电影公司制作了一系列以抗日救国、反封建为主题的优秀电影作品。但由于抗日战争的深入以及被日占领等原因，许多电影公司被迫关闭，从业人员逃离到国民党统治下的重庆或香港。
3　增订版《聂耳全集》中卷，第307页。
4　增订版《聂耳全集》中卷，第309页。

联华歌舞学校的成立及其领导者

联华歌舞学校的经营主体是上海联华影业公司。青年实业家罗明佑于1930年8月将自己的华北电影有限公司与朋友的公司合并，成立了这家电影公司。联华影业在1930年至1937年"卢沟桥事变"爆发的短短7年间，制作了大约20部电影，其中《渔光曲》《大路》《新女性》等作品具有全国性的广泛影响。

联华影业附属的歌舞团，前身是作曲家黎锦晖（1891—1967）主宰的明月歌剧社。由于人员增加及演出效益不好，经营难以为继。罗明佑全盘接手，但要求团员们不仅能歌善舞，还必须有语言方面的训练。此时世界电影由默片时代进入有声电影的黄金时期，中国电影界也发生着变化。地域方言种类繁多的中国开始要求演员能够说以北京话为基础的标准语（联华歌舞学校在募集女子歌舞组成员时要求"能说普通话"）。黎锦晖很早就预见到这一点，所以明月歌剧社开展了普通话教育，较早地发挥了演员培训教育机构的作用。[1]

黎锦晖当时创作了很多甜蜜的爱情歌曲和儿歌，是位颇受欢迎的作曲家。他为悼念孙中山去世而作的《总理纪念歌》《麻雀与小孩》《小小画家》等流行全国。然而大部分与聂耳相关的文献资料都批评黎锦晖创作的是颓废的靡靡之音，对他的评价并不高。这大概是因为聂耳本人曾经激烈地批判过黎锦晖，认为他的歌曲没有给予青年人以正面的精神启迪。但从另一方面来看，黎锦晖作曲也要考虑经济效益，维持明月歌剧社全体人员的生活需要大笔资金，他苦心经营但实际效益并不佳[2]，而且他的团里还接

---

[1] 榎本泰子《楽人の都・上海——近代中国における西洋音楽の受容》，研文出版1998年，第202页。
[2] 黎泽荣《儿童歌舞剧的创始人——作曲家黎锦晖》，收录于中国艺术研究院音乐研究所编辑、向延生主编《中国近现代音乐家传》第一卷，春风文艺出版社1994年，第179—190页。

收照顾着不少革命斗争牺牲者的孤儿。

4月1日,聂耳进行了入团初试,他的日记这样写道:

> 睡眠果真足够了,一吃过饭我便准备出发。
> 到那里才刚刚一点钟,本来订的时间是二点十八分。黎锦晖进来了,他给我们很客气地打了招呼,进了主任办公室。
> "你到上海好久了?"这是他的第一句问话。
> 他给一个C调十六分音符的极高音部练习,因为太慌,错的错,落的落,终于没有奏完。接着是一个降B调的四拍简谱曲,又打了钢琴,他说有希望。[1]

对黎锦晖来说,他对此时的回忆是这样的:

> 他来爱文义路(今北京西路)1298号联华歌舞班应考乐队(练习生)时,是我亲自参加考试。还记得他的身体相当健康,精神振作,常识丰富,胡琴有根底,小提琴刚习不久。立时决定录取。[2]

就这样,聂耳通过初试,复试安排在三周后的4月20日,聂耳顺利被录取。黎锦晖介绍了此后一年多聂耳在他的指导下的课程及自学情况:

  a. 乐理:用的是丰子恺编著的《音乐入门》和《音乐的常识》(初版)。

---

[1] 增订版《聂耳全集》,中卷,第310页
[2] 中国音乐研究所编《聂耳专辑》(三),1964年(内部资料),收录于增订版《聂耳全集》下卷,第187页。

b. 小提琴：初学。由王人艺同志指导，每天练六小时，进步很快。

c. 二胡：已有根底，后来对于京胡、广胡、板胡、椰胡、四胡、坠子、低音大胡琴，都能上手；弹弦乐器，大半学会；也懂得各种吹乐器的性能。

d. 传统民族音乐：七弦琴谱、昆曲谱（工尺谱[1]）、各地民歌、戏曲、雅乐谱及各种唱片，他都钻研过。

e. 鉴赏能力——古典的国际音乐，新兴的——所谓"现代派"的和流行音乐的唱片与曲谱，也多能理解，并能批判好坏。[2]

经过14个月孜孜不倦的苦学苦练，聂耳终于获得惊人的进步，既专且博。

聂耳不像大多数作曲家那样在音乐教育专科学校里专门学习过音乐，当他的作品获得广泛的喜爱时，也许旁人的羡慕妒忌一定程度上帮助了他上进，不管怎样，总有所谓的专业音乐人士在鸡蛋里挑骨头，所以聂耳的作品并没有得到公正的评价。

《义勇军进行曲》的词作者田汉曾经这样说：

> 当时一些资产阶级音乐家们恶意地攻击抗战歌曲，挑它们技术上的毛病。当然，作为一个贫苦家庭出身、没有受过较长时期正规音乐训练的年轻音乐家，他的作品不可能没有毛病。聂耳也从不爱惜那些毛病，倘若真是毛病的话。[3]

---

[1] 中国等汉字圈国家所使用的文字曲谱。
[2] 增订版《聂耳全集》下卷，第187—188页。
[3] 田汉《忆聂耳》，《新观察》第23号，收录于增订版《聂耳全集》下卷，第199页。

聂耳对自己没有接受过"正式教育"及由此引发的"毛病"有着充分的认识和自觉,他曾在北平、上海两度报考音乐学校正说明了这一点。我们通过黎锦晖的回忆更能看到聂耳进入联华歌舞学校后勤奋学习音乐的身影。

联华歌舞学校的岁月极大地改变了聂耳的人生。入学后第一个月,5月15日他的日记这样写道:

> 生活终于改换了,自从四月二十二号迁入学校以后,简直和以前两样了。
>
> 想着有好多话要写,怎么提起笔来完全不会有一点儿来碰笔头。算了吧!慢慢再写。[1]

他对音乐的热爱此后也从未衰减。入学4个月后的日记:

> 回家来做了一些《和声学》的练习。(9月18日)[2]
> 叫什么中秋节?不要想倒还好。别人都出去,看的看电影,游的游公园,只有我老守在家里看《作曲法》。(9月26日)[3]

任世间的喧嚣热闹在身边浮动,聂耳心无旁骛地专注于学习。

---

[1] 增订版《聂耳全集》中卷,第311页。
[2] 增订版《聂耳全集》中卷,第335页。
[3] 增订版《聂耳全集》中卷,第339页。

歌舞团的同行们

联华歌舞学校与聂耳同期的演员、乐手总共合计约 40 人,其中在中国音乐史、舞蹈史、电影史上声名远播的人物比比皆是,例如星光熠熠的女明星黎莉莉、王人美、黎明健、白虹等。以金玉谷为笔名,《夜来香》(由李香兰演唱)的作词作曲者黎锦光曾风靡一时。王人美的兄长王人艺,是小提琴演奏高手。严华兼歌手和作曲家于一身,是黎锦晖的得力助手。张少甫担任二胡和大提琴手。聂耳和王人美、王人艺兄妹、白虹很快成为好朋友。特别是与聂耳同年的王人艺,担任着聂耳小提琴指导教官的角色,聂耳敬之爱之,总是称他为"小老师"。还有一位比聂耳稍晚进入歌舞学校的明星人物,她就是演唱那首万人空巷的名曲《何日君再来》的歌手兼演员——周璇(1920—1957)。

聂耳入学后的 4 月 22 日,他立即被安排在联华歌舞学校大楼的二层男子宿舍。一个宿舍不足 20 平米,住七八个人。三层是歌舞组的女子宿舍。年纪相仿的青年人住在同一栋楼里朝夕相处,相生爱恋之心也是正常的。与聂耳关系亲密的王人美后来与联华电影公司的英俊小生金焰结婚了。

聂耳此时正进行着高强度的小提琴训练,他之所以这样勤奋,大概有来自身边王人艺高超琴艺的压力,也有对自身实力认识的自觉性吧。黎锦晖的回忆文章里提到的一天 6 小时拉琴并非虚言。

1931 年 5 月,聂耳入团后不久,联华歌舞学校即赴当时的民国首府南京演出,聂耳作为实习生同行。从上海到南京,现在高铁一个多小时即可到达,当时需要坐 6 小时火车。5 月 16 日,黎锦晖带领 40 名年轻人乘坐上海发往南京的火车。

火车行程中,为了打发无聊闲暇,老团员听说新来的聂耳才艺颇多,于是催促他表演节目。聂耳扮了一位严肃古板的教授,向学生诸君发表演讲,循循教导学问之要义。大家都被他的逼真演技逗乐了。接着聂耳表演喜怒哀乐百变表情,车厢里的人笑得东倒西歪。最后他提议大家玩成语接龙游戏,再次以博学多识压倒众人。于是聂耳的幽默和多才多艺迅速获得全体人员的赏识,而他也因为此次机会,与同龄人亲近熟络,甚至博得刮目相看的认可。

"聂耳"这个昵称也在此时产生,他能记下只听过一次的音乐旋律。歌舞团的同事们惊叹于他敏锐的听觉和乐感,称呼他为"耳朵"先生。但"聂耳"在当时只是一个快乐的昵称,参加歌舞学校时起的艺名"聂紫艺"是他公开场合的名字,大约使用了两年半时间。在接踵而来的动荡岁月里,"聂耳"逐渐成为他短暂生涯的代称。

南京公演持续一周,最初上座率尚佳,后半段观众席的空座位变得越来越多。其原因在于节目,这次黎锦晖准备的歌舞剧《百家仙子》是纯粹的歌曲与舞蹈,没有什么情节,被南京的进步知识分子和青年人批评为庸俗娱乐趣味之作。聂耳也觉得这种批评有道理。[1]南京公演的感受第一次改变了聂耳对黎锦晖的看法,成为后来聂耳批判黎锦晖的素材之一。

---

[1] 王懿之《聂耳传》,第149页。

第三节　初恋的结局——上海与昆明的长途恋爱

日记与信件——展示恋爱经过的资料

前章提到的聂耳初恋，后来如何呢？聂耳离开昆明后，还与袁春晖联络吗？

聂耳作为中国国歌作曲者，一直被誉为"人民的音乐家""革命音乐家"，一定程度上被神化、圣人化。聂耳兄长聂叙伦表示，大部分关于聂耳的传记、评传都将聂耳与袁春晖的初恋轻描淡写，一带而过。本书意图还原聂耳的真实形象，对于研究者、传记作者敬而远之的初恋经历，本书将尽量清晰还原。以下将日记及信件等基本资料陈列出来并加以说明。

聂耳很早开始记日记，虽然并非每日一记，甚至有的年份一年里只记了数日或数十日篇日记，但上海时期（1931—1932）这一阶段日记非常详尽。[1]

聂耳写给各处的信件总共留下55封。[2]但实际上聂耳到了上海后曾经频繁地与袁春晖通信。根据袁春晖的回忆，她从聂耳那里得到的信件超过100封。[3]但这些信，在日军轰炸昆明时被烧毁了。[4]

无论信件是否存世，只要无法公开，对我们这些第三者来说就相当于不存在。所以只好以聂耳本人的日记、写给好友兼袁春晖的远亲张庚侯的信件为基础资料，然而此时突然有意想不到的资料出现了——袁春晖写给聂耳同时代的电影人洪遒[5]的信件。聂耳去世后，洪遒计划撰写聂耳的传记，他向袁春晖去信，请求袁春晖回顾心中的聂耳。于是袁春晖为此给洪遒寄出了5封信件，满载对聂耳的回忆。

然而最后洪遒并没有完成聂耳传记的撰写，这5封信赠送给中国艺术研究院音乐研究所收藏。2012年，负责编辑增订版《聂耳全集》的向延生发现了这些信件，但此时全集编撰工作已经结束，为披露这一极其珍贵的资料，向延生在《传记文学》杂志上发表了题为《我和聂耳的情感之路——聂耳女友袁春晖写给洪遒的五封信》，详细介绍了这些信件的内

---

1 增订版《聂耳全集》中卷收录了1926年6月1日至离世前一天的1935年7月16日之间9年的日记。但正如编撰者所说明的那样，聂耳日记有不少部分是缺损的（究竟是他本人撕掉还是其他原因毁坏的，不得而知）。以下列举出每年的日记数目——1926年4天、1927年59天、1928年39天、1929年58天、1930年38天、1931年195天、1932年284天、1933年53天、1934年3天、1935年22天。
2 聂耳信件全部收录于增订版《聂耳全集》中卷。按照信件多寡罗列如下：写给聂子明21封；写给朋友张庚侯11封；写给母亲8封；写给联华歌舞团时代的友人宋廷璋4封；写给聂叙伦3封；另外还有联名写给母亲、兄长、姐姐、袁春晖的信，写给与袁春晖共同的朋友李家英、工作同事吕骥、孙师毅、中学前辈艾思奇及夫人吴家蓉处各1封，还有两封不知道寄给谁的信。
3 向延生《我和聂耳的情感之路——聂耳女友袁春晖写给洪遒的五封书信》，刊于《传记文学》中国艺术研究院2012年5月号第70页。另外聂耳在上海时代的日记中有"接春的84号信"的字句（1931年12月25日的日记，增订版《聂耳全集》中卷，第370页），由此可推测，他也给春晖写了很多信件。
4 1981年4月，聂耳逝世之地的神奈川县藤泽市市长叶山峻（时任）访问昆明。叶山氏听到昆明市副市长徐仁信关于昆明空袭的证言："我们这些老人就是历史的证人。1938年，日军900架次飞机空袭昆明，市民死亡950人，1100人负伤，2万间房屋烧毁或倒塌。这是我小时候的经历。"（叶山峻《語りかけることばパワフル市長の人間賛歌》，有隣堂1987年，第194页）1937年抗日战争全面爆发后，日军占领了中国东部地区，国民政府将首都迁移至四川重庆，结果邻近云南省的省会昆明作为后方基地曾遭到日军的猛烈空袭。
5 洪遒曾任广州珠江电影制片厂厂长，他是聂耳同时代的人，抗战结束后他将聂耳事迹整理做出年表。

容。[1] 以下以这 5 封信为佐证，让我们回溯这段跨越上海和昆明的"长途恋爱"。

袁春晖的回忆

袁春晖写给洪遒的第一封信是在 1955 年 2 月 24 日，最后的第五封信是同年 6 月 1 日。通过这 4 个月期间的 5 封信，袁春晖直率坦诚地回忆了与聂耳恋爱的甜蜜、矛盾以及分手结局。

袁春晖当时曾经很犹豫是否应该将回忆聂耳付诸笔端，但在洪遒的说服下，她决定一吐为快。但是，她认为自己并非聂耳生平的最佳证人，所以她在第一封信的开头就明确了以下几点：[2]

一、诚然我曾经是聂耳最亲密的友人，可惜我们最亲密的关系只是三年多来往的光景！

二、自从他加入了明月歌舞社[3]以后，我就对他有了误解；加上他因为工作忙而不能常常写信给我，我不去体谅他，而突然地和他断绝了来往，去接受了别人的爱。当时他也不知为什么并没有向我解释，我们就这样无言地分了手！可是至今我对他不仅是敬爱，而且变为崇拜了。如你信上所说，我当然是更了解你们工作的意义，愿意尽量提供你们材料。我和他分了手，我从此就掉了队，没有走到革命的战线上！但是，我的思想是深深地受到了他的启发和教育。在旧社会

---

[1] 2012 年秋笔者访问向延生时直接得知此事。
[2] 以下袁春晖的信件内容来源于向延生发表于《传记文学》第 69—80 页的文章。
[3] 1932 年 3 月，联华歌舞团解散，黎锦晖重组明月歌剧社，聂耳亦是成员之一。

我也一直是憎恨那个社会的，我从未加入过任何反动组织；就连我现在的爱人"李夹若"，也是此地的无党派民主人士。这可以说是直接间接地受了聂耳的影响，所以我认为他对朋辈之间的思想是有着伟大的影响的。

三、他给我的信件和照片、我替他收藏的一些进步书籍和他的一小册读书札记，都在抗日战争时被敌机炸毁了。那时我的家住在昆明武成路467号，我母亲和我住的房间正中炸弹，全部炸毁，房内的东西没有一样存在。他的这些珍贵的东西，我也是放在这个房间里的。我悔恨的是那时没有把它们好好的疏散，也可见我对这些东西的重视不够。所以现在我没有他的任何遗物可供你们参考！这也是我一生最痛苦的事、最惭愧的事！然而我愿意从我的记忆里，把他的可贵的印象供给你们一些作参考。

袁春晖将心中聂耳可贵的印象分为三部分加以回忆，第一封信只写了第一部分，关于两人的相识：

大约是1928年的下半年，昆明省立师范附属小学开游艺会，因为我的姑母是里面的教员，就约我和我姐姐去唱歌曲《三蝴蝶》。聂耳参加拉小提琴，还有一位张先生也是我的亲戚是弹风琴的，我们就这样认识了。

接下来3月14日的第二封信是5封信中最长的。由于篇幅限制，无法介绍全文，这封信可以以"我们最亲密的时期"为题，详细地回顾了幸福的恋爱时光。当时聂耳从军队回到师范学校，袁春晖是东陆大学预科生，两人漫步于玫瑰花田、昆明大观楼等郊外景胜，恋情在美景中不断加深。

4月26日第三封信，信中的袁春晖表示心绪凌乱，她写道："从前的事好像想也想不起来。"第二封信中提到"聂耳给我起别名为三人"，洪遒询其原因，袁春晖在第三封信中回答，"春"字上部可分解为"三"和"人"，聂耳将此作为昵称。她没有多作说明，第二封信的幸福时光之后，接踵而来的回忆是痛苦的离别，这样的回忆对她来说也许精神消耗非常大。

聂耳在昆明时的女友袁春晖（右）与陈钟沪（中）、李家珍合影

5月1日第四封信内容关于离别，分析了两人分手的原因。首先对第二封信"我们最亲密的时期"做了几点补充。远亲张庚侯在师范附属小学当音乐教师，小学的文艺会演上，聂耳演女角，袁春晖帮他设计女性特有的表演动作。聂耳被政府当局盯梢，他逃离昆明的前夜藏身于李叒若（他后来成为袁春晖的丈夫）家中，在李叒若的床上度过了故乡的最后一夜。聂耳到了上海，每周至少寄来两封信。他用首次获得的薪水，买了棉布和法兰绒的裤子寄给袁春晖。

对于"我和他的破裂"这个问题，以下引用袁春晖信中的说法：

> 自从他加入了明月歌舞社以后，给我的信就渐渐地稀了；并且我从他的家属那里和别的朋友那里，看到了他和女歌星们照的一些像，

是非常亲密的样子。这一些像他从未带过给我，因此引起了我的猜疑，对他深深地有了误解，我也就很少写信给他。从此我们的往来一天天的平淡，甚至于断绝了。我奇怪的是他也从未向我解释过！

就在这个时候，我非常的痛苦。本来李癸若是知道我和耳的关系的，他不仅知道而且很尊重。就在我最痛苦的这个时候，他就是唯一安慰我的人。

在这里我要向你诉一个冤！有人曾经诬蔑我，说我是因为耳没有钱，所以不和他好的。李癸若虽然是出身资产阶级，但我和他要好的时候，他自己却穷得什么都当光了。他的家庭一直是以办锡矿为主要生活来源，但是经济都掌握在股东的手里。自从他父亲死后，他们家里的生活时时感到困难。我和他的好，是建筑在爱好和同情上的。他爱好文学，我除了爱音乐外，也爱文学。在我最痛苦的时候，他写给我一首一首的诗和信，可以说把我的灵魂又复活过来了。就这样我们慢慢地由同情而恋爱而不可分开了。

在耳去日本以前，他曾又写过一信给我，那时他已离开了联华。他告诉我他现在已离沪来北平，不久去日本，希望以后能争取去苏联学音乐，等他去日本住定后再给我信。谁知他去日本后，就永远没有再写信给我了！！！

那时我的感情非常激动，我认为自己已不配再爱他！再给他爱！不过对他去继续研究音乐，甚至是去苏联，是想给他多多的鼓励的。但是我一直在等他从日本再给我信。他却永远没有信来了！！！

袁春晖在信中表示该谈的全部都写出来了，在第四封信的最后，她回答了洪遒询问的问题，"聂耳喜欢的歌"是《伏尔加船歌》《马赛曲》《夏日里最后一朵玫瑰》《国际歌》这四首。最后的第五封信很短，回答了洪逾关于人名的提问。

根据袁春晖的回忆，两人的恋爱及分手的整个过程历历在目，但这只是从袁春晖角度的所见所感，她谈到分手的原因完全是由于她对聂耳的猜疑。那么，同一时刻的聂耳思绪如何？以下通过聂耳的日记来回答这个问题。

从聂耳的角度看事情的经过

聂耳到达上海是 1930 年 7 月 24 日，两个月后的 9 月份，袁春晖在信中劝说聂耳到暨南大学或上海国立音乐院（现在的上海音乐学院）。[1] 袁春晖素来知晓聂耳的志向，认为烟草批发店不是最终出路，敦促聂耳去接受音乐专业教育。然而这一提议对聂耳来说也许也是一种压力。

同年 10 月 19 日的日记中，聂耳写了一份至今为止的人生年谱。在年谱的将近末尾，写道："民国十九年一月一日，开始输爱给她。"[2] 可见他对袁春晖的爱情存在明确的自觉。1931 年 2 月，日记里开始出现动人的思念之情。2 月 9 日的日记，聂耳回想起上个月是袁春晖的生日："一月九日，不错，正是她的生日，是我到上海来开始下雪的第一天。我记得，我永远的记得。"接着 24 日的日记"今晚突然写了几句话给她"，27 日的日记"最近一月来连她的信都没有来"，聂耳急切地盼着袁春晖的信。[3]

3 月份云丰申庄上海支店被迫倒闭，4 月下旬聂耳进入联华歌舞学校。这期间的日记没有提到袁春晖，也许是因为对未来的不安占据着他的头

1　1930 年 9 月 5 日聂耳给张庚侯的信件中如是说。见增订版《聂耳全集》中卷，第 136 页。
2　增订版《聂耳全集》中卷，第 277 页。
3　增订版《聂耳全集》中卷，第 284、292、294 页。

脑。6月30日，期待已久的袁春晖来信了，信中感谢聂耳前一封信寄来的照片，还写道要聂耳"做一个不平凡的人"，"你要为我做起日记来"。[1] 为了补贴聂耳的日常生活，袁春晖通过另一封信给他寄来了现金。

即便在上海生活了一年，聂耳对袁春晖的情感没有丝毫改变。7月10日的日记"整整地离别一年了，和我爱的家、爱的人、爱的云南特有的风景"，9月12日"没有邮票钱，十天没写信给她了"。[2] 在这个时期，两人还保持着一定频率的通信，至少聂耳这边还在写信。但很快，恋情出现了阴影。3个月后的12月24日，聂耳从张庚侯的来信中得知袁春晖与李奂若——他与袁春晖共识的朋友——正在谈恋爱。张庚侯为了不伤害聂耳，在信中如汇报近况一般淡淡地谈及此事。聂耳同一天的日记这样写道：

> 接庚的信，提到春和奂的一点闲话，我看了很少会起作用，这不是和她隔离了这年多而冷淡的缘故，实在是我深信她绝不会有十分过火的行动。我想她也是一样地相信我才敢这样，在她，不见得是稀奇事的。C[3] 之所以给我知道这事，而且劝我不要烦恼，这是思想的问题，不去理它吧！[4]

聂耳并不相信袁春晖已经离他而去。而实际上，正如袁春晖给洪遒的信中提到的那样，她已经不信任聂耳了。袁春晖想，恋人在遥远的上海，身处灯红酒绿的电影界，身边接触的都是美丽的演员，而且聂耳向她隐藏了这些事实，于是她感到孤独无助，信赖感渐渐淡去，倾向了在身边给予她安慰的李奂若。袁春晖收到的照片使她心中加深了种种疑虑。这些照片

---

1 增订版《聂耳全集》中卷，第312页。
2 增订版《聂耳全集》中卷，第318、333页。
3 指张庚侯。
4 增订版《聂耳全集》中卷，第369页。

真的有问题吗？我们随后再深入探讨。

12月25日，聂耳日记里说收到袁春晖的"84号信"[1]，却并未提及信件内容。接着到了12月31日年末这一天，聂耳终于按袁春晖提到过的愿望，写信向她报告了新年的抱负，他在日记里记录道："1. 多看英文书和社会科学书。2. 努力作剧本与作曲的工作。"[2]1932年元旦过后，袁春晖寄来两张照片，1月17日聂耳日记上写道："很不大清楚。摄影的技巧还没有我行，不知是谁摄的？"[3]聂耳的脑海里此时大概掠过李氽若的身影吧。

2月12日的袁春晖来信有着决定性的内容，对聂耳来说，一切都明白了。这天的日记是这样的：

> 她发表了一点恋爱不占有的小言论。我觉得现在她所处的环境，是应该早就要和我如此说的，她终于现在才敢说出。
>
> "恋爱不独占"的舆论是我很早很早便对她表示过的，而且在信里时常谈及到。但她始终没有明显地和我表示过同意，虽然她都接受我的见解。
>
> 记得在我出省的头几天曾和她谈到这个，便是如她现在所说的："我不愿你为了我的这句'我永远爱你'的话，而打失了许多你可以得到的爱的机会！"
>
> 她还哭了一大场，她听了这话使她太伤心。好笑！她如今才明白，我不是也应该要大哭了吗？！[4]

聂耳大概一直标榜自己是一个主张无政府主义的自由恋爱者，他曾经

---

1 增订版《聂耳全集》中卷，第370页。
2 增订版《聂耳全集》中卷，第372页。
3 增订版《聂耳全集》中卷，第381页。
4 增订版《聂耳全集》中卷，第395页。

向袁春晖灌输束缚与占有并非爱之本意的思想,这是他向恋人表达自己恋爱观的内容。但是对20岁上下的年轻人来说,自由恋爱不过是抽象的概念,当对方接受这种思想时,聂耳一点儿也高兴不起来,因为袁春晖实际已经承认正在与其他男子交往的事实,所以聂耳心情沮丧,想要大哭一场。两周后,聂耳于2月28日的记叙中吐露思念与伤感之情:"很想念'三人',前年的这个时候,我们是多么快乐地玩。"[1] 此后,袁春晖的名字便在日记中暂时消失了。此时由于惨烈的淞沪抗战,电影界步履艰难,联华歌舞学校解散,聂耳加入了黎锦晖重新组织的明月歌剧社。正如袁春晖给洪遒的第一封信里所提到的那样,聂耳忙于工作和谋生,大概难有谈情说爱的余暇。但他们俩依旧保持着通信。[2] 6月13日,袁春晖与姐姐联名的信件到达。姐姐预计要搬到上海附近住,袁春晖也想等姐姐安定之后投奔姐姐。姐妹们再次劝说聂耳到国立中央大学(现在的南京大学)音乐系去上学。聂耳在当天的日记里表示自己的经济是个大问题。[3]

6月下旬,明月歌剧社赴南京、武汉公演。聂耳从演出旅行返回上海后收到了昆明母亲的来信。以下是聂耳给母亲的回信,从内容推测,母亲可能在信中询问儿子与袁春晖的未来。

> 我对于我的婚姻问题似乎是一桩极平凡的事,而且是不需要在现在二十岁的我所应当去解决的事。您们记得我在家里常常发表的舆论吗?"一个人结了婚,他或她便减少了对社会上的使用性。"这话说起来虽然抽象一点,然而它也有着它的实际性。我一向总是抱着一个正当宗旨:"我是为社会而生的,我不愿有任何的障碍物阻止或妨害

---

[1] 增订版《聂耳全集》中卷,第401页。
[2] 例如6月3日的日记说要给袁春晖回信。见增订版《聂耳全集》中卷,第443页。
[3] 增订版《聂耳全集》中卷,第449页。

我对社会的改造,我要在这人类社会里做出伟大的事业。"[1]

读到回信的母亲不知做何感想。从文字表面看来,这是一则雄心勃勃的青年宣言:抛弃幸福的婚姻和家庭,将生命贡献给社会变革。聂耳真的已经跨越失恋,用社会使命感填补了自己吗?还是说对袁春晖依旧眷恋,但为了让母亲不再忧心他的个人问题而写下如此强硬心态?不久后的7月4日日记:"回家看'三人'的信,说什么'谈话'"。[2] 这"谈话"究竟什么内容不得而知,聂耳的评论虽短,可体会到对袁春晖的指责。大概在这个时候,聂耳已经明确意识到袁春晖的想法离他越来越远,无法挽回。此时的他在报刊上匿名发表了批判黎锦晖的文章,整日都提心吊胆地关注着文章的反响,下一章将提到这一内容。7月30日的日记里写着歌舞团同事们对他的态度发生变化,自己犹豫是否该说明真相。日记最后很唐突地写了一句:

接"三人"的信,她那坦白的态度着实叫我佩服,奂已经Kiss过她了。[3]

袁春晖已经和李奂若成为恋人了。聂耳的笔触依旧淡然,也有可能隐藏了冲击,装出无动于衷的样子,其实也没必要特别地记录在日记上吧。聂耳很快与黎锦晖分道扬镳,8月至11月一直留在北京。9月11日的日记写道:"接'三人'的信,她简直误解了我对电影运动的观点,并且希

---

[1] 增订版《聂耳全集》中卷,第145页。
[2] 增订版《聂耳全集》中卷,第459页。
[3] 增订版《聂耳全集》中卷,第469页。

望我进一个国立大学。"[1] 10月来京的昆明故友要回乡，问聂耳给袁春晖带什么礼物，聂耳在北京最繁华的西单市场买了一个小橡皮狗，10月5日的日记记录了这件事。[2] 为什么买小狗作礼物呢？聂耳在昆明时，曾经在家里养过一条小狗，而袁春晖戏称聂耳为"聂四狗"，意思是他是聂家的第四个男孩子，也是"聂四哥"的近似音，所以聂耳买了一只小狗玩具作为礼物。

完全的精神恋爱

恋爱结束了，亲密的友情依旧在持续。不，那有可能是超越恋爱与友情的真爱。小狗礼物之后不久，聂耳得知袁春晖一直担忧他的未来出路，10月22日这样写道：

> 接"三人"的信，一封三百多字的信竟有一百多"！"，平均三个字用一个！由此可知她是太情感了！太痛苦了！
>
> 她在前信说："……你想入电影界的热，就如一个人盲目地爱他不该爱的人一样的热，所以我无法劝阻你，让你去试一试。"我的回信里将其原意简言之曰："你以'盲目求爱'的狂热的眼光来勉强同意我。"她现在却倒反误解起这句话来！我不怪她，她身体弱，她的记忆绝不会记住这些小事的。[3]

---

1 增订版《聂耳全集》中卷，第492页。同月20日的日记里记录与袁春晖共同的朋友陈钟沪在北京见面，谈话中提及袁春晖。
2 增订版《聂耳全集》中卷，第500页。
3 增订版《聂耳全集》中卷，第507—508页。

袁春晖希望聂耳不要放弃音乐志向，不忘热爱音乐之初心，反对他进入世事浮沉多变幻的电影界。聂耳自身并不认为电影界是他的最终目标，尽管两人想法彼此有误解，但聂耳深刻地感受到袁春晖时刻都在为他的未来着想。10月30日的日记写接到"'三人'的信，颇慰"，之后很长一段时间里，日记上没有了袁春晖的痕迹。[1]大约半年后的4月5日，聂耳给张庚侯的信里说："老实说，我现在所爱的人只有小三晖[2]。我不管她怎样'人小心大'、'用情不专'等语，我总觉得她也一样地在爱着我。"[3]这时袁春晖已经不怎么来信了，5月末[4]聂耳曾在给张庚侯的信里询问："很久没接春晖的信，不知为什么？常看见她吗？"[5]在这以后大约过了一年半，1934年11月24日，聂耳给张庚侯的信中再次提到两人的关系：

> 关于嘤[6]的问题（根本不是一个问题，不过你是这样说的），我很愿意诚恳地、坦白地来发表一些意见：1.我觉得嘤是最了解我的一个了。她知道，我们过去的恋爱完全是建筑在思想上面的，我们虽然离开四五年了，虽然断绝音信一二年了，但是，假若我们的思想仍是一致的，相互间个性的了解仍是如从前一样的，当然，我们还有继续恋爱下去的可能。2.在从前，她和我却有着同一个恋爱观，至于你要鼓吹订婚或结婚，我想还不是急于要解决的事，是不是你也希望我很快地去做"子女的忠实牛马"？[7]

---

1 增订版《聂耳全集》中卷，第511页。编者提示"以下手稿撕去一页，缺10月31日至11月2日前半部分的日记"。
2 袁春晖的昵称。
3 增订版《聂耳全集》中卷，第153页。
4 信中文末标注写于农历五月初五端午节当天早晨。
5 增订版《聂耳全集》中卷，第155页。
6 袁春晖的小名叫鹏嘤。
7 增订版《聂耳全集》中卷，第166页。

聂耳向好友开诚布公：他和袁春晖都相信自由恋爱，将来也不是没有可能重新成为恋人，异地恋导致思慕无法缓解，误解无法消除，所以出现了第三者，即便如此，感情依旧两地一线牵。聂耳已经超越了失恋的苦恼，心态颇为达观。事实上在过去的一年半里，聂耳被忙碌的工作逼迫得身不由己，自顾不暇。写这封信的前一年，1933年，聂耳加入了中国共产党。他非常清醒地认识到自己的行为将伴随着时刻的生命危险，这封信的前半部分，聂耳向朋友诉说了自己的想法：

> 在我过去的生活中，证明了我是一个什么样的人，这不用我多说，你当然是知道的，正如嘤所了解我的一样。像我这种人，不知今天在世或明天离世，也许不等这信写完我便不翼而飞！你知道，尤其是在现在这种情形下，我们这一路人！更是何等危险！
>
> 所以，我在这样一个原则下决定了我的生活路线，我没有将一分一秒的时间花于无聊，我除了做应做的工作以外，什么都置之度外，这你可以在许多社会对我的批评中看得出的，有的也在我的作品中可以表示得出的。[1]

聂耳深爱着袁春晖，相信她的人品，他认为两人之间有一种站在人类共同性高度的关系，即便她有其他恋人，两人的本质关系并没有更改。袁春晖在给洪遒的信里也提到，她虽然最终无法将聂耳作为男友，却依旧将他当作最亲密的友人来敬爱。

聂耳入了党，更加彻底地抛弃了普通男人所期待的婚姻和家庭生活，他认为这一切已经与他无缘，所以与袁春晖由一般的男女恋爱关系上升为"完全的精神性"的恋爱。恋爱的破灭已成事实，但是，其原因真的如袁

---

[1] 增订版《聂耳全集》中卷，第166页。

春晖所说是聂耳造成的吗?还是说仅仅是袁春晖的妒忌和误解,聂耳心中并无其他女性的身影?下面我们可以通过资料来核查一下。

聂耳与女演员们的关系

那张令袁春晖心生疑惑的照片中,和聂耳一起出现在镜头前的女演员是谁呢?照片难道不是朋友们一起玩时的随手拍吗?进入联华歌舞学校以后,聂耳勤奋地学习音乐,夜以继日地练习小提琴,他还有闲情逸致开始新的恋爱冒险吗?前文曾经提到,聂耳身边有许多美丽的女演员,聂耳确实与其中某些人特别要好,例如王人美和白虹。

《风云儿女》的主演王人美(本名王庶熙)比聂耳小两岁,两人关系非常亲密。王人美当时与"电影皇帝"金焰谈恋爱,两人于 1934 年元旦结婚。王人美的兄长王人艺是聂耳的小提琴教师,聂耳与他们兄妹俩均亲密无间。聂耳与白虹(本名白丽珠)的关系有点复杂,白虹比聂耳小 8 岁,在歌舞团时只是一个十二三岁的少女。三年后的 1934 年,白虹在但杜宇导演作品《人间仙子》中首次亮相,迅速成为明星。聂耳最初将这位未来的女星当作小妹妹一般对待,但很快被她的天真烂漫及小魔女魅力的两面性所吸引。入团一年后的 1932 年春天开始,白虹的名字频繁地出现在聂耳日记中,但真名并不显露,经常用"P"或"不黑"等隐语记号来表示。而白虹则似乎随心所欲地对待聂耳,有时对他甜言蜜语地撒娇,有时对他置若罔闻,完全将年长的聂耳操控于股掌之间。1932 年的聂耳日记这样写道:

爱之魔力,为何如此之大???人的感情,为何能生出这种不可解的力？！

　　我累累提及的小白，着实是产生了这种情感的表现。她是一个小孩，活泼天真的小孩，我发现了我爱她是在不久以前。我爱她，我真的爱死了她！梦境依然继续着！

　　但是，我这爱，也不过是一般的爱而已，并不会想到什么特殊的企图。只愿她能当我自己的小妹妹一样，因为她是这么小的一个小孩。（2月17日）[1]

　　我诚恳地说一句："除了小白外，以后再不会跟谁好了。"她们所说的三个人，也只有白算是真一点。（3月22日）[2]

　　这样看来，对聂耳而言，白虹非常特殊，作为聂家的老幺，他没有当过哥哥，因此白虹是个捧在手心的可爱小妹妹，同时，又是一个令人心绪不宁的复杂对象。但最终，这位20岁的青年与十二三岁的少女之间没有酝酿出比兄妹更深入的关系。

　　还有一个女演员与聂耳很亲近，那是比聂耳晚一步加入歌舞学校的谈瑛，她比聂耳小3岁，后来在电影《风云儿女》中担任角色。聂耳与谈瑛一见如故，1933年8月末聂耳因疲病入院时，最频繁来看望他的是谈瑛。[3] 1934年秋，电影报刊《影剧生活》刊登了一则八卦新闻，称谈瑛与聂耳是恋人关系。张庚侯看到后顾虑袁春晖，于是写信来问聂耳真相。前文提到，此时聂耳与袁春晖已经久不通信，聂耳与张庚侯围绕"春晖的问题"进行了讨论。聂耳在回信中解释了这则新闻不过是无聊的误解，好友

1　增订版《聂耳全集》中卷，第397页。
2　增订版《聂耳全集》中卷，第410页。
3　根据1933年9月12日的日记，增订版《聂耳全集》中卷，第554页。

无须担忧。[1]实际这则新闻确实是捕风捉影，令袁春晖产生妒忌的是聂耳刚入联华歌舞学校不久之后的事情，两年后才入团的谈瑛并非那张问题照片的主人公。那么谁才是引起问题照片的主人公呢？是谁在昆明给袁春晖看了这张照片呢？在笔者所阅资料范围内，没有答案。无论如何，那些和聂耳保持亲密关系的女艺人并非他的女朋友，在这一点上，袁春晖的怀疑是误解。问题在于，为什么聂耳不澄清事实呢？也许他过于信赖彼此之间的自由空间，反而觉得解释是很无聊的，所以竟然连"你别瞎想了！用不着担心！"这样的话都没有说上一句，如果这样表达一下，也许情况会有所不同，但他没有。我想，如果让彼此安心释怀是一种恋爱经验的话，聂耳在这方面说得好听是严肃认真，说得不好听是刚直迂腐。

与恋人分手后

让我们继续关注两人分手后的情况。袁春晖后来与李奂若结婚。《聂耳传》的著者王懿之说，他的友人徐演曾经于1985年访问袁春晖，她住在昆明东南的个旧市，一个以锡矿产地闻名的城市。根据徐演的访问记录，袁春晖最终按照母亲的意愿结婚。[2]母亲担忧女儿的将来，认为李奂若是个有前途的商人，嫁给他生活无忧，因此强烈要求女儿嫁人。袁春晖是在聂耳生前还是逝后结婚的呢？崎松认为是生前，他写道："聂耳在外面得知了袁春晖结婚的消息之后，在相当长的一段时间里，思想还是比较

---

[1] 详见给张庾侯的信件，增订版《聂耳全集》中卷，第167页。
[2] 王懿之《聂耳传》，第94页。徐演整理了采访内容并发表于杂志上，转录于增订版《聂耳全集》下卷，第155—158页。

痛苦的。"[1] 但聂耳从未明示袁春晖的结婚日期。另外也有学者根据确凿的证据否定了"生前结婚说",例如第一章提到的写作《从滇池飞出的旋律》的谷应。[2] 谷应的母亲全振环是袁春晖的好友,她说袁春晖是聂耳去世后与李奂若结婚的。我写电子邮件向谷应询问此事,他回答说自己母亲年轻时与袁春晖见面,谈到婚姻,袁春晖不置可否,但李奂若很早就表明了结婚意愿,催促袁春晖尽早答复婚姻大事。袁春晖与谷应母亲共同的朋友李琳甚至说:"奂若在逼婚了。"

以下我们看看1985年徐演采访袁春晖的情形:

> 老人已经七十三岁了,她的丈夫原是一位进步的工商业者,在当地颇有名气。但1957年的错划、1967年的浩劫,终于把他折磨致死,春晖老人也遭受了极大的磨难。当这些劫难风卷之后,她已经气衰力竭,再无能支撑精神和体力的消耗了……
>
> 春晖老人听说我要了解聂耳的事,眼里立即闪出异样的光辉。她颤抖着说:"要了解聂耳吗?哦,你来得正好。前天晚上,我还梦见和守信在一起呢,他……"一阵呜咽,使她难以诉说,两行浊泪也从眼角滚到了枕上……
>
> 回忆从两人相识开始,一起唱歌谈心,讲到不敢到人多的地方露面而到昆明郊外游玩、聂耳学狗叫来逗她玩等事情……

---

[1] 崎松《聂耳与玉溪》,第72页。崎松的见解总是执着于描述"人民的音乐家"的一生,所以聂耳的恋爱也是清纯单一的。2011年出版的王述编著《聂耳》基本采用了崎松的记述,这本书属于百位为新中国成立做出突出贡献的英雄模范人物传记系列中的一本。
[2] 除了谷应,还有纪念聂耳100周年诞辰出版的《百年聂耳》的执行主编陈晓静于2012年夏季来日本时,也向笔者表示否定生前结婚说。

就这样，聂耳和袁春晖就像两个天真的孩子一样纯洁地相处相爱。聂耳到上海后，他们还常常通信。聂耳曾打算攒一笔钱，也把春晖接到上海去。可惜的是，春晖迫于家庭和社会的压力而违背了自己的意愿。在聂耳走后几年，她便和别人结婚了……

　　袁春晖老人讲完了这段往事，仍沉浸在青春的回味里。她不断感叹着："唉！这些都好像是昨天才发生的事啊！"[1]

　　根据王懿之、徐演的观点，袁春晖是受到家庭和社会逼迫，不得已和李奂若结婚的。而袁春晖在给洪遒信中表示自己是因在最孤单无助时得到李奂若的安慰和陪伴，所以嫁给了他。关于这一问题，笔者请教了向延生。向先生认为，袁春晖改变心意是因为聂耳没有对误解做出恰当的解释，关于结婚，来自母亲的压力是相当大的。在儒教价值观占主导的当时社会里，女性结婚要是违背长辈、家庭的意愿，将会受到社会的指责，要坚持己见需要十万分的勇气。

　　笔者此时从向先生口中听到了意味深长的一句话：与袁春晖分手后，聂耳似乎有了新女友。向先生从1985年出版的《聂耳全集》开始，采访了许多聂耳同时代的人物，[2] 由此得知"新女友"这个信息。

　　她叫王嫱。两人是在聂耳正式踏足电影界（1932年晚秋）后，于1934年参与蔡楚生导演作品《新女性》时认识的。当时两人有一张与朋友一起的合影，王嫱的目光清澈坚定，令人印象深刻。两人的相识源于

---

[1] 徐演《聂耳的初恋》，《音乐爱好者》1985年第3期，收录于增订版《聂耳全集》下卷，第155—158页。

[2] 1985年《聂耳全集》的编辑方针是收集第一手资料，包括聂耳自己写的乐谱、日记、信件和论文等，向延生作为执行编辑贯彻编辑委员会"以业绩为首要，生活为其次"的主张，聂耳同时代相关人物的回忆、研究论文、采访调查等资料只作为参考文献及注解而出现，并未收录于全集中去。2012年增订版《聂耳全集》由向延生担任常务副主编，网罗聂耳相关的几乎所有资料，意图展现作为"人"存在的聂耳的真实形象，本书由此获益匪浅。

王嫦的姐姐王素[1]。王素担任联华影业公司声乐团的钢琴伴奏，与聂耳是同事，同时也是田汉主宰的南国社的成员。大概是因为电影、音乐工作的接触，聂耳先是认识了姐姐王素，然后结识王嫦，自然与两姐妹往来无间。但是对向延生透露这一信息的人没有了解到更深入的详情，什么时候开始交往的，两人感情如何，这些都不得而知。两人在1935年4月聂耳赴日后，就没有再通音信，聂耳的日记里没有出现过王嫦的名字。如果两人真的谈过恋爱，那么仅限于1934年至1935年聂耳生前很短暂的一段时间里。

对于聂耳的形象，他作为创作国歌的"人民的音乐家"，在很长的一段时间里都被视作圣人。他的恋爱情感与失恋分手，都有一种被塑造得清白单纯的倾向。与袁春晖挥手再见后，如果又立即有了新女友，这样似乎于他的光辉形象不利，因此几乎被视为禁忌，很少有人去谈论或探究事实。但是为了还原一个活生生的真实的聂耳形象，对恋爱经历避而不谈并无裨益。

从以上探寻的痕迹来看，聂耳自始至终深爱着袁春晖，即使环境不允许两人结合，他内心依旧相信有一种冥冥注定的羁绊联系着彼此。后来结识王嫦，受其吸引，大概是暂时的安慰吧。袁春晖无法战胜母亲与社会，选择了结婚，但聂耳于她是独一无二、无法忘怀的，她坚信他的音乐才华，最伤痛他的离世。

作为悲伤的恋爱物语的结尾，我们将袁春晖1980年写下的心声全文记载如下：

我在1927年的一个秋天认识了聂守信。他生于1912年2月14日，我生于1913年1月9日。我们因为都爱好音乐，因此感情就一

---

[1] 王嫦与王素的兄长是王昆仑，是当时国民党左派领导人，同时也是一位诗人。

天比一天好起来了。

我们常常悄悄地跑到西郊（现在的西坝）去玩，过去那里有一丘一丘种着玫瑰花的地，我们就把它取名玫瑰花田。初初我们去玩时，路很窄，路旁还长满了粘人草，后来才慢慢开了马路，盖了房子。

聂耳这名字是他去了上海以后，参加了明月歌剧社后才改的。

每次我和他去玩的时候，他听见鸟叫声、水流声、划船声、蝉叫声等等，他都要用1234567把它谱出来。回想这些，我认为这就是他能成为一个音乐家的萌芽阶段。

他的一句话是很令我佩服的，就是他说他要用音乐为政治服务。他的话不是证实了吗？他的《义勇军进行曲》，不是已经起到了这样的作用了吗？后来作的《大路歌》、《开路先锋》、《新女性》等等歌曲，不都是这样的内容吗？他和我在一起的时候，谈的都是他作的曲，教我唱。我们都希望这一生都应该这样配合下去，努力下去！不幸他那么早，不满24岁就离开人间！我呢，虽然还在，但已成废物！

日本的海，枉夺去了我的真四狗[1]！

日本的炸弹，夺去了我的皮四狗[2]！

至今泪痕难消。

1980年8月12日[3]

---

[1] 袁春晖与聂耳之间的爱称，聂耳排行老四，四哥即"四狗"。
[2] 指聂耳买给袁春晖的小狗玩具，在日军空袭昆明时被毁。
[3] 崎松《国魂聂耳》，第104页。

第四节　兵灾战祸中的上海岁月

聂耳加入联华歌舞学校时，中日之间的全面战争一触即发。由于前一年世界范围经济危机的影响，1930年，日本经济遭遇了"昭和恐慌"，日本军方反感于政府无能，主张改造国家，其中的激进分子企图将中国东三省、内蒙古全域纳入日本殖民地，以转嫁日本国内的种种矛盾，并提出用武力排除苏联的干涉。1931年，日本陆军参谋部掌握了"根本解决满蒙问题"的主导权，引导政府将进攻中国大陆逐步正当化。在此背景下，日本关东军在中国大陆开始了独断专行。担任关东军作战参谋长的石原莞尔赴任满洲，他主张"要解决满蒙问题，要靠日本占领此地才有可能完成"，他与关东军高级参谋板垣征四郎大佐共谋，计划撇开政府，由关东军靠武力单干。因此发生了1931年9月18日夜晚奉天（现在的沈阳）北郊柳条湖炸毁南满铁路的"九·一八"事变。关东军伪装现场，对外宣布制造爆炸的是奉天军阀，于是以此为借口开始了军事行动。

聂耳在"九·一八"事变爆发后的第三天，在日记里写道：

> 今天——九月二十日，最值得注意的一件大事是报纸上的大字："日军占据沈阳城，炸毁南满路，……东北军王以哲旅长殉难[1]……"，这是前晚发动的。
>
> 日本的侵略中国，是在意料中的事。试看万宝山、中村失踪等事件[2]，不是它的诡计？现在竟敢大事侵占东北，大施其帝国主义的暴行，什么飞机场、兵工厂都占了……
>
> 在公司里吃饭时，大家都谈到国事。他们的议论总是一些国家主义的观念，他们就不知道这是第二次世界大战必然会来的动机和导火线，现在有什么办法呢？望靠谁解决都是狗屁，什么国际联盟！它不是一样地在想找饮食吃。[3]

聂耳的想法代表着中国民众的意见，人们不仅对日本的武力侵略和暴行满心怒火，对国民政府采取"不扩大"方针并推诿于国际联盟的做法更是愤恨不已。蒋介石在两个月前在江西省发动了对共产党红军的第三次围剿，7月23日战争途中，他向全国人民发表《告全国同胞书》，提出"攘外必先安内"。"九·一八"事变后的国民党大会上，他呼吁："先以公理对强权，以和平对野蛮，忍辱含愤，暂取逆来顺受态度，以待国际公理之判决。"

但是"国际公理之判决"怎么等也遥遥无期，就在国民政府"逆来顺受"的时候，关东军已经扩大军事行动的范围，进攻黑龙江并攻下锦州，势如破竹，占领东北全境，他们将东北各城市收入囊中只花了短短5

---

1 这是误报，王以哲死于1936年"西安事变"后东北军内部火拼。
2 万宝山事件是1931年7月长春市西北万宝山附近，日本唆使朝鲜族人与中国农民就农地及灌溉水路发生的流血事件。中村失踪事件是前一个月日本陆军参谋部中村震太郎大尉在进行军事调查旅行时被张学良部下的屯垦军团长射杀。中国方面认为是日本的阴谋，关东军以此得到行使武力的借口，并进一步获得舆论支持。
3 增订版《聂耳全集》中卷，第336页。

个月时间。接着中国各地抗日运动高涨,与关东军产生了激烈的对抗(在1933年5月《塘沽协定》签订之前)。

"九·一八"事变爆发4天后,上海各界代表成立了"上海各界抗日救国委员会",要求国民政府对陆海空军下总动员令,驱逐日军出境,收复东北国土。同一天聂耳日记写道:

> 日军的发展更严重,上海的空气也紧张起来。日本商店门口的标语"庆祝日军占领沈阳";驱逐舰来沪借口保护侨民;虹口一带密布日警,洋洋得意地对华人做骄态;还有日人汽车插着有标语的旗在马路上示威……[1]

9月24日上海3.5万码头工人举行抗日罢工,拒绝为日本船只装卸,迫使日船停滞于码头,无法行驶。接着26日,上海各界工人、市民举行抗日救国大会,有邮务、水电、卷烟、针织、棉纺、皮革、造船等各业100多个工会的工人参加,参加人数在20万以上,上海的抗日救国运动空前澎湃。上海电影界也加入了抗日行列,9月22日,中华、新中央、中央、恩派亚等电影院联合在上海各大报纸共同发表抗议声明,决定联合休馆。[2] 后来这些电影院还开展了将票款收入捐助东北义勇军的活动。

东北义勇军是"九·一八"事变爆发后中国东北各地自发组织的抗日武装团体的总称,不同地区的武装团体有不同名称,例如"东北抗日救国军""农民自卫义勇军""抗日大刀会"等。其构成人员包括平民、农民、警察以及一部分奉天东北军,均为愤恨国民政府软弱无能而揭竿而起的老

---

1 增订版《聂耳全集》中卷,第337页。
2 共同声明的主旨如下:日军暴力强占奉天,掳杀军民。为哀悼同胞,不忘国耻,停止营业一日。(张新民《運動下の上海映画界——満州事変から第二次上海事変へ》,岩本憲児編《映画と"大東亜共栄圏"日本映画史叢書2》,森話社2004年,第68页)

百姓。抗日义勇军最强盛时曾拥有50万士兵，4年后聂耳作曲的《义勇军进行曲》歌唱的就是这批抛头颅、洒热血、投身于抗日救国的英勇之师。

此时，自聂耳入校以来指导他小提琴的王人艺，因对待遇不满而退团，聂耳代替王人艺担任乐团的第一小提琴手。考虑到自己还需要更多的指导和练习才能承担重任，聂耳在王人艺的介绍下跟随奥地利人普杜什卡（Josef Podushka，1877—1957）[1]学习音乐。普杜什卡在上海共同租界工部局的交响乐团担任中提琴首席。聂耳当时月薪25元，每周一次的一对一课程为3元，费用颇高，令聂耳很头疼，开始数月还能将就，后来难以为继。于是聂耳直接找到联华影业公司老板罗明佑，向他表示自己的音乐课程是为了公司的发展，希望费用能够报销。聂耳的理由足够充分，罗明佑没有拒绝，报销获得了批准，但老板表示此次为特例，不可再有其他要求。

上海事变后担忧未来的出路

1932年，上海租界气氛紧张。1月18日下午，马玉山路（现在的杨浦区营口路）日本的5名日莲宗僧侣及信徒遭到中国人袭击，1人死亡，3人重伤。[2]在此之前，上海市郊驻扎着因围剿红军作战而剩余的国民革命

---

1 普杜什卡是奥地利人，长期生活在圣彼得堡，以低音提琴开始音乐生涯。曾在俄国和法国担任指挥家，也任首席中提琴。1924年担任美国波士顿交响乐团指挥。普杜什卡在上海，除了工部局乐队的正常演出外，还与乐队首席富华、二提首席黎扶雪（M.Livshitz）、大提琴首席俄国人舍甫磋夫（I.Shevtzoff）组成了四重奏组，经常排演室内乐，此外，还教授了不少私人学生，包括王人艺、聂耳等。
2 这一事件一般认为是关东军策划的阴谋，现有当时的陆军少佐田中隆吉的证词为证。（东京电视台编《証言・私の昭和史①昭和初期》，春秋文库1989年，第269—282页）

军第十九路军3万人马，日本方面以保护本国居留民[1]为借口，向上海港派遣十几艘军舰作为对抗措施。在两军对垒背景下发生了袭击事件，于是租界日侨开展游行示威。20日，在中国的日本人右翼团体上海青年同志会32人袭击了三友实业社，制造纵火事件。日本方面要求上海市市长解散抗日团体，上海政府同意日方所有要求，市政府如此怯弱无能，引起上海全体市民的愤慨。中国学生大举进攻市政府，上海市内一片混乱。26日中国当局发布戒严令，共同租界的治安与警备由列强各国分担。日本军队负责北四川路虹口一带的警备工作，有3000名陆战队士兵从军舰登陆进城。1月28日下午，北四川路最早发生军事冲突，这天深夜至翌日天明，中日两军展开了激战，"一·二八"事变爆发。日军首次进犯上海，战争持续了两个月，日方称为第一次"上海事变"。29日聂耳日记写道：

> 醒来便听四先生们在嚷昨晚有炮声，又是什么天不亮有飞机环绕天空，他起来看时是"正沿爱文义路飞过"。
>
> 已经是六点多钟了，还不（曾）听见电车走过，就是汽车也少，街上异常的清静。我起来时下着大雨，向天空仔细检查，真的有飞机高飞云际，越看越多越可怕，那是红头红屁股的双翼水上飞机，无疑是来自日本航空母舰……
>
> 好奇心，老宋、江、严华、《时报》新闻记者张，一块步行到北四川路探消息。一出门便呈现着恐慌的气象，店铺都关了门，甚至于大马路中外大小商店。战斗机旋绕天空，嗡嗡声不绝于耳。满街都是搬家的汽车、黄包车、小车，一看便知他们是自华界逃向租界来的。火烧房子的黑烟，有三四起之多，到北四川路看着，简直大得可怕。枪声忽断忽续地在响。很多人挤在靶子路口……

---

[1] 当时上海共同租界北部居住着27000名日本侨民。

> 乒乒乒乒乒乒！！！忽然在不远的地方响了起来，好像就在"奥地安"附近。一会儿只听见吼声，那一大群等待着的人如墙倒似地向一个方向飞跑……
>
> 在大马路买了《大美晚报》，一面走一面看。北站被炸；商务印书馆起火；金利源码头掷炸弹，炸伤三人；日军死伤百余人……
>
> 街上有工部局宣布戒严的布告；在北四川路还有"大日本帝国海军陆战队布告"，大意是以统治者的口气安慰民心，商店门口有的贴出"日兵犯境，罢市御侮"。[1]

2月4日，聂耳在战火中迎来了20岁生日，当天的日记写道：

> 大炮给我祝寿辰。自清晨五时响起，到下午四五点钟还没有停止。吴淞、闸北有激战，日舰被击沉一艘，飞机击落一架，焚毁民房很多。
>
> 整个的世界已经在开始动摇了！帝国主义的冲突，第二次世界大战的伊始，到现在已经是无可隐蔽的事实。我的出路问题在这时候也好像随之动摇起来，所谓研究艺术，似乎不给你长远继续的可能，因了社会环境的决定，常常感到障碍和刺激，况且现在自己所重视的classic music是多么反革命的啊！
>
> 为了混乱的思想的盘旋，使我近来大不安起来，尤其在廿岁生辰的今天。
>
> 再想下去吧！至少也要对于自己的生路有个比较可靠的估量。你知道，一切都在转变了！[2]

---

[1] 增订版《聂耳全集》中卷，第386—387页。
[2] 增订版《聂耳全集》中卷，第391页。

三天后，2月7日，聂耳的思考和苦恼愈加强烈。

"怎样去作革命的音乐？"整天地在想，终没有想到一个具体的计划。

所谓classic，不是有闲阶级的玩意儿吗？一天花几个钟头苦练基本练习，几年，几十年后成为一个violinist又怎样？你演奏一曲贝多芬的《Sonata》[1]能够兴奋起、可以鼓动起劳苦群众的情绪吗？

不对，此路不通！早些醒悟吧！你从前是怎样一个思想？现在居然如此之反动！

照世界现在的情势，你想能给你很顺利地每天拉基本练习吗？像此刻的混战，简直不能安心地工作，以后不知还有如何厉害的转变？！[2]

不久之后，聂耳体验到在街头和日本兵直接对峙的经历。[3] 2月11日，聂耳带着照相机[4]到租界，打算记录战火中的街巷，拍摄几艘外国军舰。聂耳看到6架日本飞机飞翔在天空，分为两队旋绕闸北。空袭很快开始，飞机掷下炸弹，轰轰的爆炸声在闸北响起。天空中出现两架中国飞机，向日本飞机反击。聂耳专注地拍摄空中战斗的场面，接着他到达租界，藏在隐蔽的地方拍下了黄埔港的各国军舰。

聂耳并不感到满足，期待着更加危险、稀奇的见闻，他跳上9路公共

1　奏鸣曲。
2　增订版《聂耳全集》中卷，第392—393页。
3　聂耳将这天的经历作为"一·二八"事变的回忆投稿于电影杂志，题为《一个冒险的摄影故事——"一·二八"的回忆》，收录于增订版《聂耳全集》中卷，第41—43页。
4　聂耳喜欢摄影，到上海后买了二手相机，这是1930年11月买的柯达的白朗宁相机，出门时经常随身带着。

汽车后到达汇山码头，在那里看到了从日本运来的一车车陆军新兵。车到了终点站，聂耳下来发现周围一排美国国旗，4个美国兵徘徊于沙袋周围守备。聂耳用手摸摸帽子行礼，用英文说："我能从这通过吗？"一个美国兵客气地回答："能，现在并不是戒严时间。"聂耳踏入租界的日本区域，一架日机从西面飞来，目标向着军舰降落绕了两圈。这时聂耳掏出相机按下了快门，正准备再拍一张的时候，一辆日本军车戛然刹在他的身后。两个拿着手枪的日本军官向他走来，车上另有两个日本军官盯着他看。聂耳的心脏一阵狂跳，一支手枪已经对准他的胸口，日本军官用英语朝他喊："你在干什么？！"聂耳浑身像遭了电击一样无法动弹。他发抖地用英语回答："对不起，我，我，我，就是拍个照片……"一个年轻点的军官微笑着夺走聂耳的相机，捣鼓半天没有找到打开相机的机关，他用手枪示意聂耳上车。这时周围已经聚集了一圈看热闹的人，刚才交谈过的美国兵也过来了，美国兵劝说日本军官放下手枪，聂耳提出可以交出底片，美国兵也在一旁支援他："给你们底片就足够了。"日本军官最后缓和了态度，没收底片了事。美国兵等日本军官离开后，对聂耳说："日本兵真坏！我们美国人一直是你们中国人的朋友。"但是聂耳情绪低落，他想记录发动战争的日军之残暴，逃难同胞之流离失所，但真正面对手枪抵住胸口那一刻，自己的抗日救国精神居然如此无力。在这世间，自己究竟能做些什么呢？亲历了这场可怕的战栗，一直对自己未来之路思绪万千的聂耳，心中的烦恼又多了一重。

上海电影界的动荡，初识田汉

"一·二八"事变之后的淞沪会战，中国方面伤亡惨重。根据美国记者埃德加·斯诺的报告，中国政府公布了平民百姓的伤亡数字。在已知范围内：平民死亡 8080 人，负伤 2240 人，失踪者 10400 人；受到日军轰炸及占领的学校 78 所，其中大学 12 所，中学 17 所，小学 49 所。战斗最激烈的闸北、吴淞一带，许多设施、工厂被破坏，老字号的商务印书馆和东方图书馆也不例外，从大量珍贵的宋版古书到现代作家老舍的原稿，大约两万件重要文献资料化为灰烬。关于日军空袭对文化的破坏，斯诺曾批判道："中国人也许还能忍耐个别平民被杀害的事实，但空袭发生后，日本人从此被贴上了野蛮人的标签。"[1]

随着战争不断扩大，上海电影界遭到冲击，电影院停业，电影公司经营困难，难以为继。联华影业公司也不得不裁员，3月24日公司解散附属的歌舞学校，解雇全体团员。黎锦晖立即恢复重组明月歌剧社，自己担任社长，选出 11 人的执行委员制定经营管理制度，聂耳当选为音乐组执行委员。4月23日，聂耳第一次与新锐剧作家兼诗人田汉见面。田汉是中国左翼戏剧家联盟的党团书记，剧联的目标是团结上海进步的戏剧工作者，开展文化斗争以坚实革命的基础。田汉回忆当时的初次见面：

> 1932 年[2] 春的某一天，我在上海黎锦晖主持的明月歌舞团里，会见了一位从事音乐工作的青年聂紫艺。
>
> 那是一个弦歌满耳、衣鬓相接的环境。我们找了一个僻静的房间，作了一次亲切的交谈。这位二十一二岁的青年来自辽远的西南边疆——云南省，有着不平凡的经历。他有一位勤劳贤惠的寡母，他自

---

[1] 埃德加·斯诺著、梶谷善久译《極東戰線》，《埃德加·斯诺著作集 1》，筑摩書房 1973 年，第 157 页。日方伤亡为死者 769 人，负伤 1322 人（臼井胜美《満州事変戦争と外交と》，中公新書 1974 年，第 195 页）。
[2] 原刊《新观察》半月刊 1959 年第 23 期的"1931 年"有误，据聂耳日记校正为 1932 年。——《聂耳全集》编者注

己从小爱好音乐。中学毕业后,他离开家乡,闯荡江湖,在湖南、广东当过一阵子大兵。在广东还考进著名戏剧家欧阳予倩主持的戏剧研究所,住过很短的日子。两年前,他同一位云南商人来到上海,后来考取了明月歌舞团,当小提琴手,恢复了他对音乐艺术的追求。

他像许多贫苦学生一样追求革命。由一位进步的同乡学生的介绍,他参加了当时的进步组织"上海反帝大同盟",在上海西区一带做过群众工作。他想找中国共产党,想学习更多的革命理论,知道更多的国内外形势。他爱音乐,他迫切想掌握音乐技术、小提琴和作曲;他想知道通过这些音乐武器能为革命事业做些什么。

在谈话的最后,他说,他也爱明月歌舞团,这里的艺术青年们还是有生气的,但他不满意黎锦晖的领导。他认为黎的某些不健康、不严肃的倾向毒害了这些生气勃勃的青年,使他们失去了对封建事物的冲击力。

之后,我们的联系频繁了。我介绍他参加另一进步的文化团体"苏联之友社"的音乐组。[1]

1898年出生的田汉比聂耳大14岁,是中国戏剧运动的风云人物。他1917年东渡日本,求学于东京高等师范学校(后来改称东京教育大学),在校期间醉心于戏剧与电影。1921年,田汉与留日好友郭沫若等人创立文学团体创造社,后来单独发展,主持南国社剧团。1928年,南国社进一步发展出南国艺术学院,学院成为拥有文学、绘画、音乐、戏剧、电影5个方面的教育机构。田汉与谷崎润一郎、佐藤春夫等许多日本作家有广泛交流。

此时34岁的田汉风华正茂,已经成为名声显赫的文化精英。他在见

---

[1] 田汉《忆聂耳》,《新观察》1959年第23期,收录于增订版《聂耳全集》下卷,第195—199页。

1932年,聂耳与电影、音乐界友人在上海高桥海滨浴场合影(前排左起:黎锦光、周克、聂耳、黎莉莉、陈燕燕、史文华、华丹妮、殷明珠,后排左起:蔡楚生、史东山、王人美、孙瑜、黄绍芬)

到聂耳的前一年加入共产党,是聂耳革命道路的前辈。与田汉的相遇,决定了聂耳作为革命音乐家的命运。两人很快合作创作出许多经典名曲,被称为"黄金搭档",《义勇军进行曲》是其中的耀眼之星。

与黎锦晖决裂——"黑天使"事件

联华歌舞学校被解散之时,黎锦晖重组明月歌剧社,聂耳得以继续从事自己最喜爱的音乐工作,他心中万分庆幸,但是正如田汉回忆里提到的那样,聂耳对黎锦晖的领导抱有疑虑。早在几年前,黎锦晖1927年以后的作品《毛毛雨》《妹妹我爱你》《爱神的箭》《春深了》等流行于全国,

1932年，聂耳以笔名"黑天使"在《电影艺术》第三期发表评论《中国歌舞短论》

聂耳认为歌曲颓废，麻醉了年轻人的上进心。1932年5月，明月歌剧社赴南京、汉口巡回演出，演出遭遇失败，归途的客船中，聂耳在6月1日的日记里总结："节目不良，嗓子坏，布景褴褛。临时换人，使观众不起好感，大嚷退票，在京、汉留污点。"[1]

此时田汉在"左联"提出重视文艺评论的方针，他向聂耳发出邀请，让他写点什么。聂耳很快以"黑天使"为笔名完成了两篇文章，一是《黎锦晖的〈芭蕉叶上诗〉》，另一篇是《中国歌舞短论》，前者发表于上海《时报》（1932年7月13日电影特刊），后者发表于电影期刊《电影艺术》第三期（1932年7月22日）。聂耳在这两篇文章中激烈地批判黎锦晖。《中国歌舞短论》的主旨如下：黎锦晖的作品确有反封建主义因素，描写贫富阶级悬殊，但面对民族存亡的危难，如果表演的"仍是为歌舞而歌舞"，将不会再有人要看。黎锦晖为了提高演出营业收入，为了媚俗，将

---

1 增订版《聂耳全集》中卷，第441页。

低俗音乐加给民众，只能是毒害青少年——"我们所需要的不是软豆腐，而是真刀真枪的硬功夫！你想，资本家住在高楼大厦大享其福，工人们汗水淋漓地在机械下暗哭，我们应该取怎样的手段去寻求一个劳苦大众的救主？！""你要向那群众深入，在这里面，你将有新鲜的材料，创造出新鲜的艺术。喂！努力！那条才是时代的大路！"[1]

这篇文章虽然是以笔名发表的，但以聂耳的资历，向着戏剧界大佬黎锦晖喊出"喂！努力！"这样的话，到底是需要勇气的。这篇言辞激烈的批评文章一经刊出，明月歌剧社里议论纷纷，讨论谁是"黑天使"。不久之后聂耳就暴露了，因为平时他经常对黎锦晖有意见，所以，"肯定是他！"的窃窃私语越来越响亮。黎锦晖本人最初保持着沉默，周围非难的声音不断，对大多数年轻团员来说，黎锦晖亦师亦父的地位不可动摇，对师长横加指责的行为不可饶恕。明月歌剧社定期召开商议运营的全体会议，在"黑天使"事件发生后的首次会议那天，聂耳被禁止出席，也没有获得任何公开辩解的机会。最后，聂耳由于批判歌剧社的最高领导人而受到停职处分，1932年7月退职。虽然几天后聂耳曾与黎锦晖面谈，但歌剧社方面的决定并没有被推翻，聂耳第二次失业了。

许多年以后，与聂耳关系密切的王人美回忆当时"黑天使"事件的背景和情形：

> 1932年1月28日，日本侵略军进犯上海，十九路军奋起抵抗。这件事震动了全上海。聂耳、金焰也约我到闸北观战。我们亲眼看到日军的炮击，看到百姓的家室财产被毁，也看到英姿勃勃的十九路军官兵。记得从闸北回来的途中，聂耳慷慨激昂地说，我们应该有抗战的音乐、革命的音乐；抗战的舞蹈、革命的舞蹈。言下之意对明月社

---

[1] 增订版《聂耳全集》中卷，第54页。

的歌舞很不满意。说句老实话,当时明月社的歌舞是和时代发展相脱节,我们的演出除了一些黎锦晖先生二十年代创作的儿童歌舞剧,增添的只是荒唐的爱情歌舞。1932年5月我们的江南巡回演出以失败告终。失败的原因自然有国民党党棍和丘八的欺压、破坏,更重要的是我们失去了青年人的支持……

"黑天使"事件发生后,我也感到明月社每况愈下,分崩离析。不过我一方面觉得,黎先生是我敬重的师长,聂耳是我信任的干哥哥,我不愿卷入他们的争论,对事件持回避态度……你可以清楚地看到我的弱点,我学习不够,思考又少……

当时聂耳并没有全盘否定黎锦晖先生的歌舞……我后来听说,聂耳曾经主动找黎锦晖和黎锦光谈话,承认文章中有过于激烈的、不太妥当的措辞,还表示自己热爱明月社,采取这样的行动是为了促使明月社进步,走上歌舞的新路……只是明月社的领导不能理解聂耳……

三十年代,《毛毛雨》《桃花江》等歌曲的流行是起了麻醉人们斗志的消极作用,我并不想为他辩护……其实,这些流行的爱情歌曲大多是黎先生二十年代的作品……黎先生为什么要写百首爱情歌曲呢?他曾经说过组织中华歌舞团下南洋目的之一是为筹建歌专募集经费。结果,近一年的辛苦,演出所得除了支付日常开支外,都给大家分了场费,团体并无积累……他们写信敦促黎先生赶写爱情歌曲,并保证只要歌曲完工,回国川资、歌专经费都有着落……[1]

"黑天使"事件一直都被当作"革命音乐家严厉批判软弱的作曲家"来理解,同时,聂耳这一行动也往往被视作其后发展为"抗日作曲家"道

---

[1] 王人美口述、解波整理《我的成名与不幸——王人美回忆录》,团结出版社2006年,第45—47页。王人美还提到1931年10月末鲁迅曾经写文章批判明月歌剧社的表演,点名批评自己和黎莉莉等演员,具体可参考鲁迅《二心集·沉滓的泛起》。

路上迈出的重要进步。但实际上，这不过是塑造圣人过程中的一个偏离事实的例子。从王人美的视角来看，聂耳对黎锦晖的批判有一部分是不正确、不公正的，而且"黑天使"文章并没有令聂耳与黎锦晖及明月歌剧社完全一刀两断。

第五节　漂泊的音乐家

到北平参加大学考试

离开明月歌剧社后，1932年8月7日黄昏，聂耳从上海乘船赴北平。他在客船中度过3个晚上，10日夜晚到达天津。翌日9点半从旅馆出发坐火车，中午到达北平，寄宿于云南会馆。聂耳的房间位于1号房间，邻居是昆明时代就认识的陆万美，陆万美其实是中国共产党地下党员，表面身份是北平市文学艺术联合会常务委员。两人均从事戏剧、音乐相关工作，所以颇有共同语言，于是很快亲密往来起来。云南会馆的居住条件并不佳，房间霉潮难闻，馆内住着40多人，不适宜练习小提琴。聂耳到北平来原想寻个音乐教师的工作，然而来了一个多月并无教职信息，身上盘缠渐渐空乏，他心中不安，思索着是否要回上海。此时上海郑雨笙来信鼓励，让他在北平多多努力。郑雨笙毕业于最高学府国立北京大学，也许他觉得在北平学习比在上海对聂耳的未来更有益吧。聂耳听从了朋友的劝告，决定报考北平大学艺术学院，这个决定大概与袁春晖曾盼望聂耳到北平求学的心愿有关吧。考试定在9月14日，他没有复习预备什么科目，就这样直接去应考了，根据聂耳当天日记，考试内容如下：

党义试题：

1. 略述三民主义之内容。
2. 根据民生主义拟你的家乡的农村经济的办法。
3. 国难期中研究艺术的学生之责任。（这是我作的）

国文试题：

1. 何谓艺术。
2. 吾人对于艺术之使命如何？
3. 各自写理想的精神之寄托。（这是我作的）

数学试题：

……一共两个代数，两个几何，两个三角……

英语试题是作短篇文描写北平，英翻中两小段。[1]

党义及国文是选一题来答，聂耳都选第三题，数学马马虎虎，日记里写"作对四个半"。英语从中学时就刻苦钻研，自信满满，不在话下。这样看来聂耳考得还算理想，但结果却不如人意，不及格！王懿之等传记作者表示，聂耳失败的原因在于没有选择国民党党义的第一题来回答，这题是出题者最看重的。聂耳是个从来没有考砸过的优等生，这次是否体会到挫折感呢？考试发榜的9月18日，聂耳只在日记里轻描淡写地记录："'艺院'已出榜，老桑、我都落第了。因为'艺院'的失败，有时想回上海。"[2]

---

[1] 增订版《聂耳全集》中卷，第493—494页。
[2] 增订版《聂耳全集》中卷，第496页。

何去何从

9月18日的日记还写道:

今天是"九·一八",上午去天安门开市民大会。街上戒备极严,在天安门附近的军警更多,门是关着的,我们知道又是被压迫着解散了。

可见聂耳在北平也积极参与政治活动。10月1日,西单牌楼附近组织了抗议日本侵略东北及国民政府"不抵抗"主义的集会,集会结束后,人们三三两两组队向天安门附近的国民党北平市党本部入口进发,在那里进行示威。这次集会后北平左翼音乐家联盟成立。从筹备会议到制定组织大纲、成立大会的召开等各方面,聂耳都发挥了重要作用。北平音乐界的领导者们纷纷鼓动聂耳担任联盟干部,但聂耳表示近期要返回上海而没有接受。10月28日,清华大学讲堂里东北同学会举办文艺会演,聂耳表演小提琴,这是一次为抗日义勇军的募捐义演,聂耳和友人们共同演唱了《少年先锋队歌》《国际歌》。聂耳在北平期间没有懈怠小提琴练习,在王人艺的介绍下,聂耳跟随在清华大学教授小提琴的苏联老师托诺夫(Tonoff)上琴课。这位先生的大名,聂耳以前就听王人艺提起过,这次到北京,正好有机会求教。经过托诺夫的指点,聂耳的琴艺大有进步。托诺夫老师严格地指出他拉琴的坏习惯,耐心纠正他,使聂耳受益匪浅。但聂耳没有收入来源,不久就囊中羞涩而无法继续上课。10月13日的日记,聂耳透露出何去何从的迷茫:

在北平居然混了两月,生活仍是动摇着。很贵族地学琴,现在也学不起了。要想望他免费,我看也是梦想!即使真能免费,你的生活费又有谁供给?

说什么去日本?也是渺渺茫茫!这几天弄得心绪不宁,坐卧不安,现在且把今后的生活路线做一个简短的分析……[1]

这是在聂耳的日记里第一次出现东渡日本的思路。日记接着分析去日本、在北平、回上海的好处和坏处,最后结论是"当然回上海好"。但第二天日记又犹豫还是去日本好,又说回上海更稳当:

若是有点勇气,还是跑日本好,反正我冒过的险也不少,多来几次又何妨?

现在回到上海固然有很多好处,但去日本一转再来,不是好处更多吗?总之,从稳处走便是回上海;去日本便是冒着险打张彩票。

计算日期,郑的款应该汇到,不知他还会有什么怀疑?据我推想:(一)爽爽快快地如数汇来。(二)措辞没钱,缓延日期。(三)先汇一部分。置之不理的事想来不会有的吧!

据最近的经验所得,对于音乐知识的修养不但要常听,而且研究音乐理论应当是和基练一样的日常工作。有时我曾对音乐抱过消极的态度,但读了一些音乐家的历史会即时鼓起很强的勇气。Wagner的一生都是和苦痛奋斗着。

前进吧!由日本而美、欧,有什么可顾忌的?![2]

聂耳怀揣着梦想,留在北平毕竟是下策,理由是可怖的严寒。对出生

---

[1] 增订版《聂耳全集》中卷,第501页。
[2] 增订版《聂耳全集》中卷,第501—502页。

1932年,聂耳(左)与同乡友人陈钟沪(中)、许强在颐和园

于温暖昆明的聂耳,一想到即将到来的寒冬就不寒而栗。聂耳给郑雨笙的信里表露了这一苦恼:"这里的冬季着实可怕,我一件冬衣都未带来。"就在心绪不宁的日子里,突然有上海友人传来联华影业公司将雇用他的消息,如同进退两难中传来捷报,聂耳马上向北平共产党相关人员报告自己即将回上海。北平左翼剧联的共产党支部对聂耳的离去深感惋惜,交给他带走三份文件,一是中国左翼剧作家联盟一年来的活动报告,二是左联北京支部同意聂耳入党的文件,三是写给上海左翼文艺界领袖夏衍的介绍信。

聂耳将归期定于11月6日。前一天晚上,他在东城区东单外交部街区的俄罗斯语商学院演出以"九·一八"为题材的独幕话剧《血衣》,聂耳演一个支持年轻人抗日救国的老爷爷。接下来原定将要演出一部象征剧《起来》,然而却突然原因不明地终止了,改由聂耳表演小提琴独奏来代替。

聂耳最终在北平停留了3个月,虽然生活窘迫,但并未荒废时光。他与云南会馆的陆万美加深了彼此认识,思想得到进一步提升,后来通过陆万美还结识了不少北平左联的成员,为1933年以后创作革命歌曲提供了源泉。陆万美曾经描述聂耳在北平遭遇的一次危机,聂耳8月12日的日记这样记录:

> 脑痛,日记改做账簿式……
> 晚,马匡国请客到"青云阁"听大鼓、杂耍。[1]

乍一看毫无异常,但马匡国这一人物非同寻常,他是1930年5月准备逮捕聂耳的昆明特务机关的队长,是聂耳被迫逃离故乡的直接原因。聂

---

[1] 增订版《聂耳全集》中卷,第479页。

耳当天向陆万美告知此事，马匡国当时已经有三十四五岁，却跟聂耳说自己来北平是为了参加大学考试。他没有逮捕聂耳，在云南会馆杂谈一阵后邀请聂耳去听曲艺节目，这一天似乎波澜不惊地结束了。但是根据陆万美的推测，由于居住地址被知晓，聂耳顿时警觉起来，他可能为此撕掉了一页写完的日记。陆万美及北平其他地下党员得出一个结论：马匡国是带着任务来的。

陆万美还总结出聂耳在北平时期曾遭受三次打击。首先是由于"黑天使"事件被上海同伴们孤立的后遗症。其次是"赤色"身份遭遇差别对待，在北平中学当老师的同乡有一次告诉聂耳，自己学校正在招聘小提琴教师，然而当聂耳去应聘时，身为顽固的国民党派的校长发现聂耳的革命情绪后，坚决不录用他。聂耳期待与青年学生以艺术实践参与革命的梦想破灭了。再次是托诺夫的课程费，托诺夫高度赞赏聂耳的才能，但学费太贵，聂耳与他商量希望能免除学费或降低标准，被老师拒绝。陆万美认为，第二、第三个打击对聂耳来说是沉重的，因为他梦想着在北平磨炼出精湛的小提琴艺术，东渡日本，再迈向欧洲，处处碰壁的现实令聂耳体会到对金钱至上的资本主义社会的绝望。[1]

11月6日下午，聂耳在北平火车站与同乡、友人、共产党左联的人们告别，当天日记写道："送行的还不少，有几个很像要流眼泪的样儿，想不到他们会对我如此好！"[2] 列车载着这位年轻的音乐家缓缓驶出站台，朝着重返上海的方向而去。

---

[1] 陆万美《聂耳在北平》，载于聂耳、冼星海学会编《永生的海燕——聂耳、冼星海纪念文集》，人民音乐出版社1987年，收录于增订版《聂耳全集》下卷，第210—218页。
[2] 增订版《聂耳全集》中卷，第513页。

第三章

奋斗于电影界

第一节　左翼电影界的岁月

就职联华影业公司

1932年11月8日早晨，聂耳回到上海。重回故地却无栖息之所，他借居于友人金焰家中。翌年2月，聂耳与另一位友人同租一屋共居，在此之前，他一直住在金家。聂耳性格率直，积极开朗，谁都欢迎他，金焰与他特别投缘。

金焰，本名金德麟，出生于1910年，韩国人。在20世纪30年代上海电影界，金焰是稳坐首席的电影明星，被誉为"电影皇帝"。其父金弼淳是韩国西医的奠基者，他信奉自由思想，是一位抗日活动家。金焰两岁时，金弼淳因为韩国"105人事件"[1]遭到通缉，全家逃亡至中国，金焰由此获得了中国国籍。金弼淳是一位抗日志士，在中国继续坚持抗日，最后被日本特高课投毒杀害。金焰勤奋苦学，立志当演员，他在上海被田汉等

---

[1] 1911年韩国合并后，发生了暗杀朝鲜总督府首任总督寺内正毅的未遂事件，有怀疑认为暗杀计划本就是总督府捏造的。

有识之士看中,一炮走红,成为一代明星。从他的家庭及生平来看,他憎恨日本帝国主义是自然而然的事情。

在金焰及其他朋友们的帮助下,聂耳不久在联华影业公司第一制片厂就职。联华影业有两个制片厂,第一制片厂和第二制片厂,蔡楚生、孙瑜等著名左翼电影人就集中在这些制片厂。

聂耳首次上班是 11 月 26 日。第一制片厂位于繁华的霞飞路(现在的淮海中路)。聂耳最初是作为演员被录用的,等到实际上班,他被任命为场记,工作是记录各个场景的拍摄内容、服装和照明等细节。29 日,聂耳接到的第一项任务是参与拍摄岁末影片《除夕》,但他担任场记只此一部戏,聂耳很快就被提升任用于音乐方面,也许是因为金焰等朋友们的帮助,也许是因为公司因人施用,唯才是举。

当时的上海电影界是中国共产党与国民党势力相争之所,共产党关注电影的宣传影响力,在党内设立电影小组,不仅积极推动进步电影的拍摄,而且派遣人员渗透至电影行业内部。聂耳离开北平的时候,已经获得了左翼戏剧家联盟北平支部的认可,但他进入联华影业时还不是正式党员。聂耳正式入党是回到上海两个月后的 1933 年初,田汉为介绍人,夏衍是证人。剧联的中共党支部书记赵铭彝[1]后来回忆,党派他去与聂耳谈话,当他建议聂耳入党时,聂耳当即同意,很快就向他递交了履历书。根据夏衍的回忆,入党宣誓地点是联华影业公司第一制片厂的一隅,聂耳举起一张手绘的党旗,进行了光荣的入党仪式。[2]

中国共产党现在拥有 8669 万名党员[3],这个数量使中国共产党不仅在国内,而且是全世界最强大的政党。但是在聂耳入党时,共产党建党未足

---

1 赵铭彝(1907—1999),导演、评论家,出生于四川江津。参加田汉主持的南国社,聂耳赴北平时,赵铭彝为其向左翼剧作家联盟北京支部写过介绍信。
2 王懿之《聂耳传》,第 233—234 页。
3 根据 2013 年年末中共中央组织部公布的数字。

1933年，聂耳（右）与黎明伟（中）、吴永刚进行空中摄影之前

12年，组织力量上仍然相当薄弱。[1] 但即便如此，共产党作为国民政府的"反对势力"，一直遭到残酷镇压。加入共产党必然伴随着生命威胁，聂耳深知这一点，但他痛恨国民政府软弱无为，从"九·一八"到"淞沪抗战"，国民政府对日本的侵略节节退让，他寄希望于共产党，选择了肩负重任的一条道路。

重启音乐之志

就在入党前后，在田汉的介绍下，聂耳参加了共产党主导的音乐团体"苏联之友社"音乐小组，这一文艺组织虽然规模小，却拥有张曙、任光、安娥等一批已经崭露头角的新锐词曲作家。另外大约同时期，聂耳与明月歌剧社的黎锦晖相互和解。据1月30日的日记记录，聂耳当天去了黎锦晖家，这是"黑天使事件"以来时隔半年的再会。

> 我爱所谓"动的生活"，是我的好处，同时是我的缺点。根据几年来的经验，得到不少的教训，以后该给它一个正确的理解：什么时候该动？什么时候该静？
>
> 听了锦晖处新收的唱片，音乐却有很大的进步，嘴上虽在骂，心里却不安；自己实在浅薄，何敢去批评人？！你骂他不对，你不但不能做出比他好的东西来，连你所骂的都做不出，这有什么意义？！
>
> 照近来的生活看来，我已显然脱离了音乐之途，外面挂着空招牌，肚子里拿得出的是什么？[2]

---

1 即使在1949年中华人民共和国成立时，党员人数也不过是448万人，还不到当时人口的1%（现在大约是人口的6%）。改革开放后，特别是2000年以后，党员人数激增。
2 增订版《聂耳全集》中卷，第531页。

与黎锦晖会面使聂耳认识到对方的优点，看到自己的不足，他决定再次投身于音乐事业。首先他必须搬到一个安静的住处以便进行小提琴练习及作曲思考。于是他离开金焰家，与联华影业的同事演员王斌一起，在霞飞路租了一个寓所。聂耳与巴黎留学归国的任光组成了"中国新兴音乐研究会"，意在发展革命音乐。聂耳是怎么理解"新兴音乐"的呢？答案可以从1933年6月3日的日记中看到："音乐和其他艺术、诗、小说、戏剧一样，它是代替着大众在呐喊。大众必然会要求音乐的新的内容和演奏，并作曲家的新的态度。……旧时代的作曲家们，跟从革命前确立的方法继续作曲；他方面，革命产生的新时代音乐家们，根据对于生活和艺术不同的态度，贯注生命。"[1]

左翼色彩浓厚的上海电影界

时间稍微往回拉到1932年12月，国民政府与苏联恢复邦交，苏联文艺不断被介绍到中国，上海首次上映了苏联电影《生路》（1931年拍摄，荣获第一届威尼斯国际电影节导演奖），电影描绘的理想的"勤劳国家"令人向往。同时在电影技术上，这是苏联首部有声电影，作为上海电影界的一个范本亦受到好评与重视。值得一提的是，聂耳看到电影后颇有感触，受到此部电影音乐（作曲家兼指挥家雅科夫·斯托里亚罗夫）的诸多启发。他于上海《晨报》（1933年2月20日）发表评论，高度称赞此部电影的配乐技巧，随着不同场景而变化的音乐震撼人心，这种手法在别国电影中很少见到，同时他也批评电影中的缺憾，《国际歌》歌唱的场景被

---

[1] 增订版《聂耳全集》中卷，第553页。

剪切，音乐不完整，减色不少。[1]

　　1933年2月9日，由共产党的电影小组长期筹划的"中国电影文化协会"成立，其成立宣言为"团结国内电影人，制作反帝国主义、抗日电影"。聂耳当选为协会的执行委员，与夏衍、田汉、金焰等铮铮志士为伍。夏衍负责文学，聂耳负责组织，沈西苓负责宣传。聂耳当时21岁，他不负众望，被业界视为中国电影未来的希望。通过成立协会，党的电影小组领导力量深入电影文化，加深了中国电影的左派色彩。夏衍后来曾经谈到旧时代上海电影界是"（在国民政府的）白色恐怖中创作电影"[2]。上海电影界的从业者们战胜了国民政府的弹压，获得了民众绝大的支持，在短时间内创作出许多令人难以忘怀的名作，奠定了中国电影的黄金时代。其影响力，甚至不逊于鲁迅等人引领的文学革命。

审查制度与自主规避

　　1933年3月21日，聂耳成为联华影业公司第一制片厂音乐部主任，负责统筹配音及指导演员歌唱。配音方面，需要由他决定主题曲和插曲的使用，何时何处插入影片中，如何发挥效果；同时，管理和调整全片的音响效果也由他负责。艺名"聂紫艺"被弃之不用，在制片厂工作和执笔写作时，他开始使用笔名"聂耳"。明月歌剧社同僚们赠送给他的这个昵称有着柔和的发音，四个灵敏的耳朵刻画了他的天赋，聂耳大概很喜欢这个称呼吧，也许歌剧社时代热情的音乐梦想又重新在他胸中涌动。

　　有一天，联华影业公司老板罗明佑提出了"四国主义"作为电影制片

---

[1] 增订版《聂耳全集》中卷，第55页。
[2] 1983年9月1日，夏衍在中国电影资料馆举办"1920—1940年代的中国电影回顾展"开幕式上的讲话，林缦、李子云编撰《夏衍谈电影》，中国电影出版社1993年，第50—51页。

的口号，并拟订了拍摄一批宣扬所谓国粹的影片计划。"四国主义"指的是"挽救国片、宣扬国粹、提倡国业、服务国家"，挽救国片也就罢了，其余三条不过是导致电影事业倒退的愚案。罗明佑发言的背后自然有国民政府施加的压力。自1930年起，国民政府开始施行彻底的审查制度，1930年11月公布了"电影检查法"，翌年1月教育部与内政部合作设立电影检查委员会，统一全国电影审查行政。1932年6月发出通令：今后禁止拍摄一切关于战争及革命的电影。发布通令的理由是当时与日本处于交战状态，国民政府认为可以通过外交和平手段及国际调停达到签订停战协定的目的，此时离这个目标只有一步之遥，如果出现了关于战争、革命内容的电影，势必影响和平外交的努力——这当然是公开通告的内容。[1]

除了审查制度，此时的内忧外患——20世纪30年代"九·一八"事变开始的日本侵华、继而东北伪满洲国独立（1932年3月）等事件，使国民政府痛感"发扬国威"的必要性。罗明佑的口号实际上是揣摩政府意向，向政府靠拢而制定的自我规范。联华新方针提出后，电影界为之哗然，从业人员纷纷批评这一观念。剧作家阳翰笙批判罗明佑的"四国主义"是"死国主义"，认为罗明佑提出的是时代倒退的锁国主义。[2] 联华公司的职员们在共产党电影小组的指导下成立了工会组织"联华同人会"，向罗老板提出撤回方针的申请。

聂耳作为联华同人会的负责人，积极推动了与罗明佑的斗争。半个月后，罗明佑勉强同意撤回"四国主义"，替而代之的是新口号"推进艺术、宣扬文化、启发民众、挽救影业"。公司大多数演职员工看到"四国主义"被撤销，新口号亦可以接受，都感到斗争取得了成果，因此都满意了。但

---

[1] 程季华主编，森川和代翻译《中国电影史》，平凡社1987年，第141页。实际上，翌年1933年5月中日召开停战会议，签订了塘沽协定，使"九·一八"以来的军事冲突暂时打上了休止符。
[2]《艺华周报》，1933年9月号。

聂耳的看法却有所不同，4月29日的日记里写道："罗明佑的谈话来得非常厉害，软硬都有。他说以后要是每月不能出二部影片，他决不再办下去，我们可另寻好的待遇。"[1] 聂耳很明确地看到罗明佑一边对职员们讲着动听的怀柔话语，一边苛刻地要求他们工作。

首次为电影插曲作曲，充当临时演员

　　这一年的3月中旬至6月下旬，聂耳忙着制作新电影《母性之光》。这部电影由田汉、卜万仓编剧，后者兼任导演。影片通过一个家庭的悲欢离合，描写了母亲的坚强和当时社会的阶级对立矛盾。聂耳的工作是辅助管理拍摄，创作电影插曲，并指导饰演小梅的演员陈燕燕如何演唱。田汉作词的主题曲《母性之光》由任光作曲。聂耳创作的是电影插曲《开矿歌》，这是他的电影音乐处女作，也是与田汉合作的首部作品。田汉的歌词如下：

　　　　开矿！
　　　　开矿！
　　　　开出来黄金黄。
　　　　我们在流血汗，
　　　　人家在兜风凉，
　　　　我们在饿肚皮，
　　　　人家在餍膏浆。
　　　　我们终年看不见太阳，

1　增订版《聂耳全集》中卷，第547页。

人家还嫌水银灯不够亮。[1]

中国电影史研究专家程季华赞美这首作品"以蓬勃的朝气，激扬的旋律，出色地表达了工人阶级的精神气质。影片中歌曲配合着南洋矿工劳动的画面，给人留下深刻的印象。《开矿歌》开创了我国30年代革命电影歌曲的先声。"[2]

聂耳在这部电影中还有一个工作：饰演一个在东南亚采矿场劳动的黑人矿工，聂耳全身用颜料涂黑，化装成黑人。联华影业公司为了削减经费，规定不论哪个部门的演职人员都有义务饰演群众演员。聂耳最喜欢演戏，所以他很愉快地接受了这个角色。[3]1935年《风云儿女》的导演许幸之发现聂耳演技甚佳，所演配角很有存在感，于是邀请他出演心怀革命理想的青年梁质夫，梁是主角辛白华的好友。聂耳当然高兴地答应了，因为他本来就觉得饰演群众演员不过瘾，但后来由于突然要去日本而推辞掉了。后文将会提到1935年时国民政府加紧弹压左翼成员，聂耳再也没有闲暇过戏瘾。

当时，聂耳的母亲和兄长们住在昆明端仕街的四合院里。根据邻居的回忆，一有聂耳出演的电影公映，在光华电影院工作的兄长聂叙伦就把电影拷贝拿回家，全家人围坐在一起看。母亲已经许久没有见到聂耳，看到银幕上闪现的儿子，不禁热泪盈眶，家人和邻居们也都忍不住流下了眼泪。[4]

这段时期，聂耳在给母亲的信中流露了心中的苦闷（1933年5月

1　增订版《聂耳全集》上卷，第19—23页。
2　程季华主编《中国电影发展史》第1卷，第265页。
3　聂耳在联华时代，还在《火山情血》（1932年）、《城市之夜》（1933年）、《除夕》（1933年）、《小玩意》（1933年）、《体育皇后》（1934年）、《渔光曲》（1934年）中饰演群众角色。
4　龙世华《日本藤泽聂耳墓前的追悼》，《九龙池》1997年第3期，崎松主编《国魂颂》第181页收录。

28日）：

> 我坐在我的小屋里写信，想起几年来的漂泊生活，不禁难过起来……
>
> 我从这月起，加了三块钱，每月是二十八元薪水……
>
> 照以上看来，似乎是尽够维持生活，但事实上总是超过预算……
>
> 我心里总想着尽可能的寄点钱来帮助家用，但结果是心有余而力不足，越想越空，越想越着急……
>
> 联华公司的薪水比较一切影片公司都低，尤其是第一厂。原因是它太有名了，一般从业员，干着非常感兴趣，公司当局便可利用这一点："虽然薪水低，你总不会为几个钱跑到名誉不好、没有希望的公司里去。"所以大家被名誉所麻醉了！
>
> 我在精神上可以自慰的一点是他们非常看得起我，他们都认为我是一个纯洁的小孩，很有把握的青年，是一块好材料；我也因此更加努力，不愿把一分一秒有用的光阴耗之于无聊。音乐、戏剧、电影，便是我一生的事业，我愿在这一生里去研究、学习，倒也是极快乐的事。[1]

聂耳此时在创作中希望吸收故乡的民间音乐元素，因此他在家信最后拜托三哥守诚收集云南农村的劳动山歌。

工作劳累损健康，制定个人版养生经

《母性之光》拍摄完成后，聂耳被安排担任电影《人生》的场记，导

---

[1] 增订版《聂耳全集》中卷，第154页。

演是刚完成《城市之光》的费穆。这部电影讲述了女性悲惨的一生,由大红大紫的女明星阮玲玉饰演主角。1933年盛夏,电影开始了拍摄工作。

聂耳此时正在写一个剧本,因为他当选公司的剧本审查委员会成员,身边的同事都怂恿他创作。聂耳参加国民革命军当学生兵时就写过短篇小说,在北京时曾经构思过长篇小说,对小说、戏曲满怀兴趣,因此他利用拍摄间隙努力写作,8月26日剧本脱稿,叫作《时代青年》。主人公是个瞒着家人参加国民革命军的爱国学生,这自然来源于他的人生经历。遗憾的是他最终没有等到成为编剧的那一天。聂耳担任场记和副导演、为电影作曲、饰演群众演员、写剧本,他的工作见缝插针,安排得满满当当,再加上夏季暑热难耐,聂耳最终因劳累过度而发生了意外。8月30日,《人生》的拍摄现场,就在上海最繁华的南京路上的永安公司门口,剧组正在拍摄主演阮玲玉进入商场的一幕,聂耳突然头晕,昏倒在地。

同事们立即抬起聂耳送到附近的仁济医院,医生诊断为脑溢血,虽然是轻度,但急诊医生认为事态严重,有必要进一步做脑科治疗,让他住院一周。聂耳住院期间,同事朋友们络绎不绝地探望他,没法好好地静养休息。

聂耳的病根起源于一年前1932年7月的一次事故。聂耳站在单杠上,王人艺在下面与他耍闹,不小心使他头朝下摔倒在地,顿时昏死过去。[1]从那时起,聂耳不时头痛眩晕,特别是1933年11月5日给母亲的信中提到自己的身体状况:怕热,容易疲劳,脑神经有些异常。[2]这次脑溢血的起因不仅是工作积累的疲劳,一年前事故的后遗症也是潜因。仁济医院的医生认为聂耳过度劳累,劝他停止工作休息一个月。聂耳不得已只好向公司请假,联华负担了他的医疗费,但请假期间不发工资。

---

[1] 7月23日的日记,见增订版《聂耳全集》中卷,第463页。
[2] 增订版《聂耳全集》中卷,第156页。

聂耳决定在休假中改善住宿环境，霞飞路公寓并不理想，室友王斌虽然易于相处，但有人同住，总是因担心妨碍他人而不敢自由练琴。聂耳决心一定，立即寻找合适住所，出院三天后即搬家。他购买床铺、桌椅等生活物件，顿时花光积蓄，倒没钱交房租了。最后迫于无奈，休假不到两周，他就返回公司开始工作。

9月18日，聂耳带着尚未痊愈的身体回制片厂上班。他被告知，从第二天起前往石浦外景地，开始拍摄蔡楚生导演的作品《渔光曲》，他负责配音工作。《渔光曲》讲述贫穷渔民家一对双胞胎姐弟的悲惨故事，主角姐姐由王人美饰演，弟弟由被誉为"中国卓别林"的韩兰根饰演。任光作曲的主题歌《渔光曲》是舒缓哀婉的四拍子旋律，真实地表现出波涛摇曳中捕鱼撒网的情形，由主演王人美演唱的这首歌曲极受欢迎。[1]电影评论家岩崎昶说："《渔光曲》不仅仅是一首流行歌曲，它倾诉着中国老百姓胸中的哀伤与愤恨，控诉着对所有迫害普罗大众的敌对势力的憎恨，包括日、美、英等殖民主义者和中国国内的卖国资产阶级。"[2]

石浦[3]位于浙江省象山县东岸，是个偏僻的小渔村。从上海到那里要坐船渡过杭州湾，穿过舟山群岛。第二天午后4点，聂耳带着小提琴和吉他，跟着外景地摄制组的30多人从黄浦江码头登上了"舟山丸"号客船。拍摄开始后，聂耳就被配音、音响及各种杂事压得团团转，连抚慰管教那些调皮的儿童演员都是他的分内事情。开工拍摄不过才几天，聂耳突发高烧，喉咙肿痛难忍，这是劳累加病菌感染造成的白喉。石浦偏僻，医生与药物皆不善，聂耳受尽病痛折磨，最终被迫返回上海医治，不得不彻底休

---

[1] 当时奉天广播局专属歌手李香兰（山口淑子）回忆《渔光曲》时这样说："这首歌控诉了社会的腐败与人民的贫苦，可我当时可没有多考虑歌词的含义和时代背景，我喜欢那哀婉的旋律，经常自己唱练。"（山口淑子、藤原作弥《李香蘭 私の半生》，新潮社1987年，第50页）
[2] 岩崎昶《日本映画私史》朝日新闻社1977年，第85页。
[3] 石浦渔村附近的海滨公园有聂耳的塑像，塑像的基座上刻着"居安思危、聂耳永生，1990年1月"，由象山县音乐工作者协会建立。当时外景队住宿的金山旅馆和浦江旅馆现今已经不存。

养两个月。[1] 聂耳深刻意识到自己对生活及健康管理的不足，虽说工作是为了生计，但如此一而再地患病，使他痛下决心建立"聂耳流"的养生方式。11月14日的日记里写道：病后休养时期，定大纲及细则如下：

大纲

不喝酒　不做剧烈运动　不晚睡　少用脑

不赴宴会　不吃刺激饮食　不晚起　少吃荤

多吃滋补饮食　多看影戏　多玩

多到公园散步　多听音乐　多笑

细则：

1. 每天六时起床，清洁寝室后，吞生鸡子二只，牛奶一杯，往公园散步，行深呼吸及运动。

2. 每日早饭上午八时，中饭十二时，晚饭下午六时。

3. 午、晚饭后，吃生梨或香蕉一只，临睡前饮冷开水一杯。

4. 每晚十时睡觉。

5. 每逢星期三、六沐浴更衣。

6. 每星期至少看影戏二次，听音乐一次。[2]

大纲和细则规定了饮食、运动和卫生，连艺术活动都规定好了，不愧是"聂耳流"的生活方式。

1　患病情况详细写入给母亲的信中，这是聂耳书信中最长的一封（增订版《聂耳全集》中卷，第156—160页）。母亲得知儿子患病经历如此痛苦，一定忧心忡忡吧。

2　增订版《聂耳全集》第555—556页。大纲记于11月14日日记，细则没有记录于日记，而是写在纸片上，由聂耳亲属捐赠给云南省博物馆，收入聂耳的遗物。

左翼电影遭到激烈弹压，聂耳第三次失业

即便是"一·二八事变"第十九路军与日军奋战的那一刻，蒋介石心中最不安的依然是共产党势力的扩张，剿杀共产党的任务远比抗日优先。1932年5月5日停战协议签订后，日军撤退，蒋介石再次祭出"攘外必先安内"方针，翌月即毫不犹豫地发动了第四次围剿作战。这次围剿发动百万大军，然而成效寥寥，作战计划实施一半即宣告终结，蒋介石的威信受到影响。翌年1933年，日本关东军进犯河北，中国军队同仇敌忾，进行了极为惨烈的保卫战，5月31日缔结塘沽停战协定，对蒋介石来说，华北战事告一段落。紧接着蒋介石邀请德国军事顾问展开了第五次围剿。此次围剿战争吸取了前四次失败的教训，提出"军事三分，政治七分"的方针，利用彻底的经济封锁和堡垒主义新战略隔离农民与红军，企图逐步压缩摧毁苏区根据地。这一年的11月，就在聂耳在日记上规定自己的健康管理大纲前，上海电影界发生了骇人听闻的事件。作为第五次围剿的一环，国民政府开始了大规模镇压左翼文艺运动的行动。11月12日上午，国民党直属的内部组织蓝衣社雇佣30多名暴徒突然袭击新兴电影公司和艺华影业公司的制片厂。艺华影业成立以来，不断拍摄出《民族生存》、《肉搏》、《中国海的怒潮》（这些都是被政府审查的影片）等反帝反封建、以抗日救国为主题的作品，艺华影业的进步态度使自己成为最早遭受镇压的目标。

一石激起千层浪，联华老板罗明佑吓坏了，立即向员工上下反复重申必须严守国民政府制定的审查制度，他进而决定开除担任中国电影文化协会执行委员的聂耳，1934年1月，联华以患病为由解雇了聂耳。这是聂耳的第三次失业。

聂耳立即着手找新工作，从黎锦晖的弟弟黎锦光那里获得一个消息：江西南昌的"怒潮管弦乐团"正在招募小提琴手，他马上去应试，获得了

录用。但是聂耳又从于伶处得知这个乐团是国民政府政训处下属机构，是服务于围剿红军时在南昌设立的"行营"，于是聂耳拒绝了录用。此时，在专业教育机构学音乐的梦想再次浮现，聂耳还没有考虑学费如何筹措，就参加了2月份上海国立音乐专科学校（现在的上海音乐学院）小提琴专科的考试，结果却未被录取。

没有了固定工作，经济情况应该变得窘迫，但是聂耳日记上却写道"最近收入较丰"，大概是在被解雇前领到了公司的欠薪和双薪（当时的月薪是30元），加上稿费和演出费等临时收入。前一年10月19日日记里写到的：

> 每月预算：房租11.00，饭10.00（连小账），娘姨2.00，洗衣2.00，车资、零用10.00，共35.00。[1]

聂耳每月收入只有30元，事实已经入不敷出。日记接下来写道，"只有赶紧想法生产！1.写剧本。2.写文章。3.进行演员事。4.教授提琴"，明确了增加收入的计划。临时收入虽能对付一时，稳定收入来源对聂耳来说是很重要的。

心怀贫苦大众的作品

让我们来看看这时期聂耳的作曲成果。1933年9月，聂耳为中公剧社演出的独幕话剧《饥饿线》创作了插曲《饥寒交迫之歌》，这是继《母性之光》插曲《开矿歌》之后的第二首作品，是一首摇篮曲，也是聂耳所

---

[1] 增订版《聂耳全集》中卷，第555页。

有作品中唯一的一首摇篮曲，由独幕剧的编剧董每戡作词：

睡吧！可怜未满一岁的弟弟。

睡吧！忘了饥寒交迫着你。

被掠夺去了衣和食，

失去了你的生命之力。

忍着饥，耐着寒。

睡吧！睡吧！

你忘了饥寒交迫。

睡吧！睡吧！

爸爸还为了你的生命在挣扎。[1]

这首歌因为算不上革命、抗日歌曲，很少受到关注，但此曲发表时，评论界一直认为这是难得的佳作，轻灵而充满哀愁的旋律，兼具民族元素和时代氛围。

与这首歌几乎同时创作的是儿童歌曲《卖报歌》。以下介绍《卖报歌》诞生的趣事，从中可以看到聂耳是如何时刻心怀贫苦大众的。聂耳去联华上班路上，经常在霞飞路和吕班路（现在的重庆南路）的十字路口看到一个卖报的少女，她向路人喊道："卖报！卖报！今朝的报纸真正好呀！买吧买吧！"梳着小辫的少女，声音像银铃一样清脆。聂耳不久就和这个女孩认识了，问她叫什么名字，她答道："我没有名字。我妈在日本人的纺织厂上班，我从小就是被妈妈在工厂里抱着长大的，大家都喊我'小毛头'"。小毛头的家人在淞沪抗战后散居各处，小毛头只能靠卖报糊口。聂

---

[1] 增订版《聂耳全集》上卷，第24—25页。上卷附录CD收录了由女歌手詹曼华独唱的《饥寒交迫之歌》。

1933年,聂耳为这个女报童"小毛头"(后名杨碧君)写了《卖报歌》

耳对她深表同情，一夜之间谱成了曲子，请田汉的红颜知己、才华横溢的安娥（翌年《渔光曲》的作者）作词。这首歌完成后，聂耳唱给小毛头听，说："你一边唱一边卖报吧？"小毛头提议："在歌词里加入报纸的价钱吧。"于是聂耳立即让安娥修改歌词，完成的词曲如下：

啦啦啦！啦啦啦！
我是卖报的小行家，
不等天明去等派报，
一面走，一面叫，
今天的新闻真正好，
七个铜板就买两份报。[1]

小毛头唱着《卖报歌》卖报，报纸卖得更快了。在聂耳的介绍下，小毛头后来还在联华影业制作的影片中饰演了几回儿童角色。

1934年对聂耳来说是多产的一年，《卖报歌》之后，《走出摄影场》《卖报之声》《小野猫》《雪花飞》等陆续面世。《走出摄影场》是天一影片公司电影《一个女明星》的插曲，作词亦是安娥。《卖报之声》为《卖报歌》的后续版。《小野猫》也是同类的儿童歌曲，歌中插入了小猫可爱的叫声。《雪花飞》是聂耳在上海首次看到下雪而得到的灵感，天空飘落的雪花多美啊，但对那些贫苦的人们来说，雪花飞舞却是寒冷的灾难，这是一首旋律凄楚的歌曲。在前辈任光和安娥的建议下，聂耳将1934年的作品和前一年的《卖报歌》带到百代唱片公司洽谈，准备发行唱片。事情进行得很顺利，唱片销路良好，特别是《卖报歌》广受欢迎。轻快的曲调、苦中作乐的精神打动人心，至今广为传唱。

---

[1] 增订版《聂耳全集》上卷，第26—27页。

第二节 在唱片公司工作

进入百代唱片

1934年春天,好消息从天而降。自从1月下旬失业以来,聂耳一直没有新工作。在任光和安娥的帮助下,发行聂耳歌曲的百代唱片公司自4月1日起录用了他。聂耳后来被任命为音乐部副主任,除了辅助任光,他还负责指导歌手、写谱、作曲等任务,月薪60元,是联华时代的两倍。

百代唱片就是现在知名的世界五大唱片公司之一的EMI,成立于1897年,是全球历史最悠久的唱片公司之一。20世纪20年代EMI收购了法国Pathe-Marconi唱片公司,在上海成立了分公司,这是在上海租界最早开业的法国企业。上海的百代公司早期以中国传统音乐为中心制作唱片,最早引人注目的流行歌就是前文提到的黎锦晖作词作曲的《毛毛雨》(1927年),获得了人气。不久百代被英国留声机公司(Gramophone Company)收购,接着1931年与英国哥伦比亚唱片公司(Columbia Phonograph)强强联手,合并成电子与音乐工业公司(Electric and

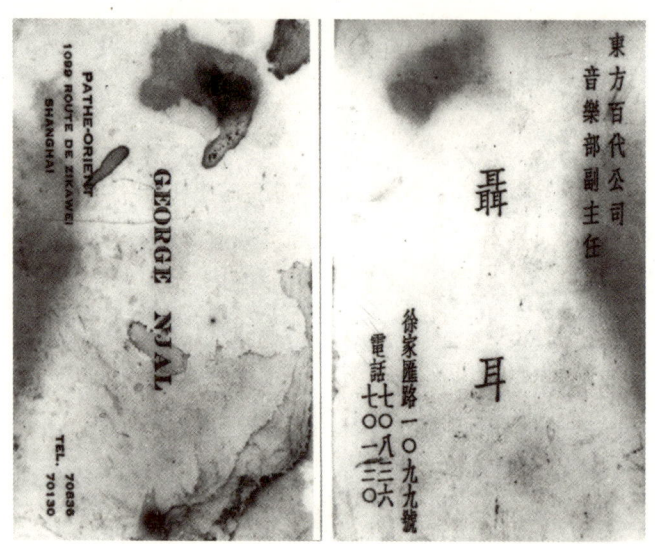

聂耳的名片

Musical Industries），简称 EMI。上海分公司也被纳入旗下，但保留了百代原名。百代作为现代最高端录音技术与设备的标杆，发行唱片数量庞大，其鼎盛时期，公司员工达到 1500 人。由于是处于租界的外国资本公司，国民政府鞭长莫及，聂耳等人得以借电影音乐或流行歌曲之名，推出了许多革命歌曲。

此时中国左翼剧作家联盟中有专门负责戏剧和电影音乐活动的音乐小组。聂耳、任光、安娥、张曙、吕骥[1]等年轻的词曲作家聚集一处，最年轻的聂耳被选为小组组长。1934 年 5 月，以聂耳等年轻人为中心，成立了百代唱片公司内部的民乐团"森森国乐团"，聂耳研究各地传统民间音乐，改编了《金蛇狂舞》《翠湖春晓》《昭君和番》，以及吸收内蒙古绥远地区民谣的《山国情侣》等曲子，由森森国乐团演奏，获得极大好评。这

---

[1] 吕骥（1909—2002），上海国立音乐学院中途退学，参加左翼戏剧工作。1949—1985 年担任中国音乐家协会主席。聂耳非常信赖这位比自己年纪略大的友人，他东渡日本前将手头的工作交给吕骥。在聂耳追悼会上曾经合唱及演奏了由吕骥作曲、孙师毅作词的《聂耳挽歌》。

些曲子很快由百代公司录制成唱片发行。其中的《金蛇狂舞》根据民间乐曲《倒八板》整理改编。很多人都记得2008年北京奥运会开幕式和闭幕式上演奏了《金蛇狂舞》，将欢腾的庆祝气氛推至高潮。倒八板里唢呐热闹、锣鼓铿锵，渲染了热烈欢快、昂扬激奋的情感。《翠湖春晓》来源于云南洞经音乐[1]，聂耳小时候经常在昆明翠湖岸边的道观里听到这种音乐。

聂耳又开始忙碌起来了，百代公司的工作加上左联的任务、民族音乐的传承活动，他每天都过得很充实。此时联华公司央求他帮忙，因为11月艺华袭击事件，去年夏季至秋季拍摄的《渔光曲》被雪藏一段时间，如今正进入筹备公映阶段，配音的最后完善还是要依赖聂耳。照理说，聂耳没有义务去帮助狠心解雇自己的公司，但经不住该片导演蔡楚生的苦劝，他还是答应了，将这项由于生病而没有坚持到最后的工作画上了句号。这首《渔光曲》由任光作曲，王人美演唱，聂耳为其增加了类似舒伯特小夜曲那样的音效，曲子优美动人。电影于1934年6月14日在北京东路上海金城大剧院（现在的黄浦剧场）首映。这一年，上海出现了60年一遇的酷暑，影片在长达84天的超长上映期里获得了巨大成功，票房收入刷新以往历史。《渔光曲》于1935年莫斯科国际电影节获得荣誉奖，这是中国影片首次获得国际荣誉。当电影银幕打出"音乐 聂耳"字样时，只有聂耳知道这其中包含着他深刻的情感与许多经历。

《渔光曲》一炮走红，联华公司非常满意，下一步计划拍摄一部介绍东南亚风土人情的纪录片《南洋大观》，他们希望这部影片的配音工作也由聂耳担当。从联华公司得寸进尺的要求中，可以看到年轻的聂耳在音乐方面卓越的工作能力。

---

[1] 这是道教丝竹音乐，通常在祭拜道教学问之神文昌帝君时演奏，融合了儒教与佛教的元素。院内洞经演奏者需具备相关教养学识。

1934年,聂耳作曲、导演、主演的新歌剧《扬子江暴风雨》在上海公演(前排居中者为聂耳)

《毕业歌》的成功

聂耳在这段时间还接手了另一项工作,那就是田汉编剧的歌剧《扬子江暴风雨》。这部歌剧描写扬子江码头工人与日军的斗争,聂耳创作了其中四首歌曲《打砖歌》《打桩歌》《码头工人》《苦力歌》,还出演了一个角色,他精彩到位地饰演了孙子被日军枪杀的工人老王。《扬子江暴风雨》首演于1934年6月30日,地点在法国租界里的基督教青年会(YMCA)礼堂,充满跃动感的台词、雄劲的曲调,构成一出配合精彩的新歌剧,获得了现场观众的热烈掌声。谢幕时,全体演员出场合唱《苦力歌》:

苦力们,大家一条心!
挣扎我们的天明!

我们并不怕死,

(白)不用拿死来吓我们!

我们不做亡国奴,

我们要做中国的主人!

让我们结成一座铁的长城,

把强盗们都赶尽!

让我们结成一座铁的长城,

向着自由的路,

前进!

前进![1]

歌剧中包含的这些曲子后来都由百代录制成唱片,销路甚佳。作为作曲家,聂耳的声名和好评日益高涨,委托他的工作也越来越多。1934年7月,上海电通影片公司开业第一部作品是袁牧之编剧的《桃李劫》,主题曲委托聂耳创作,于是聂耳作曲、田汉作词的《毕业歌》诞生了。

上海电通影片公司是中国早期左翼私营电影企业。共产党为了对抗国民党对左翼的镇压,筹划成立新的影片公司,司徒逸民的电影录音器材公司被组织选中,他成功地开发了"三友式"新型录音机。司徒逸民的弟弟司徒慧敏是党与公司的联络人。改组为制片公司后,上海电通坚定贯彻左翼反帝反封建的制片方针。影片制作方面,由夏衍、田汉负责指导,司徒慧敏担任摄影厂主任,公司云集了大批左翼电影人。[2] 不久之后,公司于1935年推出《都市风光》,艺名"蓝苹"的演员在其中饰演配角,这就是

---

[1] 增订版《聂耳全集》上卷,第45—46页。
[2] 编剧及导演为袁牧之、应云卫、许幸之、孙师毅;演员陈波儿、唐槐秋、王人美、施超、周伯勋、王莹、蔡若虹、唐纳、谈瑛、蓝苹;音乐为聂耳、吕骥、贺绿汀;美术为张云乔等。可见上海电通影片公司招募了当时电影界各方面声名显赫的才华人物。

后来成为毛泽东夫人的江青。

话题再回到电影《桃李劫》的主题曲《毕业歌》上，故事的男主人公是个积极向上的青年，他从建筑学校毕业后，与最爱的伴侣结婚，有了下一代；工作与生活走上美好的正途时，因为生性正直，看不惯上司欺诈行为，愤而辞职，失业在家。妻子也由于不堪老板骚扰而失去了工作。为了养家糊口，并给产后患病的妻子治疗，他盗窃公司财资，但妻子还是病逝，他自己也被逮捕。知识青年充满理想和抱负，最终反而被黑暗社会彻底吞噬，这是一个描述个人苦难的悲剧故事，也是对社会的控诉。聂耳所作的《毕业歌》，明快昂扬，充满理想与爱国热情，歌颂了满怀抱负为社会做贡献的青年。在男主人公被逮捕时的背景音乐中，聂耳加入了犯人戴枷锁时的脚步声和执行枪决的声音效果，进一步表现了悲惨的命运。

《中国电影百年·经典歌曲》这样评价这首歌：

> 《毕业歌》经过影片放映传播开以后，在广大观众，尤其是青年知识分子当中产生了极其热烈的社会反响。许多知识青年就是受到这首歌，以及当时许多救亡歌曲的影响，而走上了民族解放的战场，开始了自己的革命人生。即是在今天，这首歌所颂扬的关心国家民族命运的思想，仍然影响着一代代的莘莘学子。[1]

《桃李劫》是使用中国国产设备拍摄的最早的一部有声电影[2]，小有名气的演员袁牧之首次担任编剧和导演，饰演片中男主人公，加上饰演妻子的陈波儿朴实美丽、演技逼真，为影片增色不少，使这部故事愁惨的电影

---

1 朱天纬编撰《中国电影百年·经典歌曲》，人民音乐出版社 2005 年，第 33 页。
2 从无声电影到有声电影之间的过渡期里，曾经流行过配合音乐和声效、显示对白字幕的配音有声片，中国首次将对白与音效结合，以有声方式放映的电影是《桃李劫》。

获得了成功。正如韩立文所评价的那样，主题歌明朗而强有力的旋律与田汉的歌词配合，传达出的时代精神引领着民众的心声。

> 同学们，大家起来，
> 担负起天下的兴亡！
> 听吧！满耳是大众的嗟伤！
> 看吧！一年年国土的沦丧！
> 我们是要选择"战"还是"降"？
> 我们要做主人去拼死在疆场，
> 我们不愿做奴隶而青云直上！
> 我们今天是桃李芬芳，
> 明天是社会的栋梁；
> 我们今天是弦歌在一堂，
> 明天要掀起民族自救的巨浪！
> 巨浪！巨浪！不断地增长！
> 同学们！同学们！
> 快拿出力量，
> 担负起天下的兴亡！
> 兴亡！[1]

电影公映后三年，1937年7月抗日战争全面爆发，劳苦大众果然被卷入战乱的巨浪中。1938年5月，伪"满洲国"在新京（现在的长春）建立"伪满洲建国大学"，虽然大学以"民族协和"的实践为目标，招收日本、中国、朝鲜、蒙古国、苏联等国优秀学生，但实际充满种族歧视，

---

1 增订版《聂耳全集》上卷，第47—49页。

中国学生受到严格管制,《毕业歌》就像希望之灯塔,在他们之间传唱。[1]

《毕业歌》成功后,聂耳声名远播,各处的作曲邀请令他应接不暇,聂耳无法都应承,所以经常把工作介绍给同事。贺绿汀是其中的佼佼者,他毕业于上海国立音乐专科学校,学生时代参加"征求中国风味钢琴作品比赛"[2]荣获一等奖,是一位出类拔萃的作曲家。贺绿汀比聂耳大9岁,很早就加入中国共产党参加革命活动,他进入音乐专科学校上学时已经28岁了。贺绿汀承担了电影《风云儿女》的配音工作,聂耳逃亡日本后,贺绿汀在犹太裔俄罗斯作曲家阿龙·阿甫夏洛穆夫(Aaron Avshalomov)的协助下完成了《义勇军进行曲》的乐队配器编曲。聂耳去世后,贺绿汀完成了多部电影的配乐作曲,后来还创作了许多钢琴曲、管弦乐曲、秧歌剧等作品。

在贺绿汀的介绍下,聂耳在上海国立音乐专科学校教授谢尔盖·阿克萨可夫(Sergei Aksakov)的门下学习钢琴及作曲理论。课程一直延续到翌年4月赴日前夜,历时将近8个月。聂耳与他的音乐同行们很不同,他不像任光、贺绿汀那样接受过正规的音乐教育,因而这次一对一的教学对他来说意义重大,是珍贵的学习经验。学费一次一小时10元,每月4次课共40元,聂耳月薪60元,加上当时他已有唱片版税收入,所以负担得起。

---

1 河间宏《满洲建国大学物语》,原书房2002年,第144页。
2 比赛由俄罗斯作曲家兼钢琴家齐尔品(1899—1977)组织并提供奖金。齐尔品原名亚历山大·切列普宁(Alexander Tcherepnin),是一位杰出的美籍俄裔作曲家、钢琴家、指挥家。"齐尔品"是他在中国期间拜认齐如山为师所取的一个中国名字。

表现革命乐观主义的《大路歌》

　　《桃李劫》之后的 1934 年 8 月至 9 月，聂耳全力投入联华影业公司第一制片厂拍摄的《大路》，负责主题曲和序歌的作曲工作。上海电通影片公司拍摄的影片《桃李劫》首次开启了严格意义上的有声电影时代，联华制作的仍然是声效相伴的无声电影，所以《大路》意图发挥默片特色取胜。电影科班专业留美归来的孙瑜负责了电影的编剧、导演及主题曲的作词。故事讲述修筑军用公路工地上发生的工人与敌人的斗争，主演是金焰、黎莉莉以及当时的一批明星。年轻的工人们在公路上进行重体力劳动，他们流汗歌唱的场景丝毫没有悲壮感，而是充满着乐观与开朗。[1] 因为是有声版的默片电影，电影中人物劳动的动作看上去像哑剧一样幽默有趣。

　　聂耳为这部电影创作了主题曲《大路歌》和序歌《开路先锋》（孙师毅作词）。导演孙瑜回忆聂耳当时的工作情况，他这样说：

> 在聂耳同志写《大路歌》曲子时，他问我，需要哪样的情调和节奏。我告诉他，我希望《大路歌》带一点俄国《伏尔加船夫曲》那样悲壮的调子……聂耳同意了我的建议，他热忱和虚心地和我一道研究主题歌的词句如何用音乐来表现。他认为，在表现筑路工人艰苦沉重的步伐的同时，更应强调青年们团结作战，负起重担，争取自由解放的那一种青春蓬勃的节奏和胜利乐观的信心。

---

[1] 女主演黎莉莉后来这样评价这部电影："因为中国人被外国人叫作'东亚病夫'，孙瑜导演总想着振奋国人精神，他的每一部电影都在呼唤青年锐意进取、奋发乐观。"（《女優黎莉莉　上海映画を語る》，東京国立近代美術館フィルムセンター編《孫瑜監督と上海映画の仲間たち——中国映画の回顧》，1992 年，第 7 页。另外电影评论家佐藤忠男曾经说："电影以轻快的默剧动作描绘工人阶级的友情及劳动动作。中国电影曾经有过如此明快生动的喜剧性动作，然而如今却被遗忘了。"《わが映画批評の五〇年——佐藤忠雄評論選》，平凡社 2003 年，第 283—284 页）

他把歌词拿去一个多月后，有一天他兴致勃勃地来到我的家里，不等打开皮包取出歌谱，他就在房间里做着筑路人拉起大铁碌滚压路的姿势，哼唱起《大路歌》来。他唱得那样起劲，雄浑豪放的旋律深深地吸引了我。《大路歌》曲谱初稿的写成，立刻使聂耳和我愉快地大步跑到隔壁金焰的家里，由聂耳弹着钢琴，领着我们几个人热情地合唱起来。我们祝贺他的出色工作，也提出了一些意见。聂耳坐在窗前虚心地倾听着，灵活的手指在钢琴键上弹弄着。五月明朗的阳光透过碧纱，照亮了他松松的短发，微笑在他的脸上出现，青春的火花在他的双眼里闪过……他骤然用力按下琴键站起来兴奋地高叫："这样不就行了吗？"接着是一阵对琴键的冲击，就这样，一首激动千万心弦、充满革命乐观主义节奏的杰作完成了。[1]

孙瑜所创作的歌词如下：

　　哼呀咳嗬咳！咳嗬咳！

　　哼呀咳嗬咳！嗬咳吭！

　　大家一齐流血汗！嗬嗬咳！

　　为了活命，

　　哪管日晒筋骨酸！嗬咳吭！

　　合力拉绳莫偷懒，嗬嗬咳！

　　团结一心，

　　不怕铁碌重如山。嗬咳吭！

　　大家努力！一齐向前！

---

[1] 孙瑜《初期の映画製作に関するわが回想》，《フィルムセンター 84号 中国映画の回顧 1922—1952》，1985年，第21—22页。

大家努力！一齐向前！

压平路上的崎岖，

碾碎前面的艰难！

我们好比上火线，

没有退后只向前！

大家努力！一齐作战！

大家努力！一齐作战！

背起重担朝前走，

自由大路快筑完。

哼呀咳嗬咳！咳嗬咳！

哼呀嗬咳吭！嗬咳吭！

哼呀咳嗬咳！咳嗬咳！

哼呀嗬咳吭！[1]

  聂耳完成了主题曲与序歌之后，随电影摄制组一起到外景地江苏南部的古城无锡。无锡当地报纸《锡报》记者兼无锡最大剧场中南大剧院的宣传主任孙云年采访了聂耳，他曾写文章回忆见到聂耳的场景：我在大剧院接待导演孙瑜时，听说聂耳已经先行到了无锡，我当即到充山东麓下榻之地采访他。我见到聂耳时，他正在拉小提琴，他热情地接待我，面带笑容，很自然地富具一股青春活力，令人有一种亲切之感，"我们虽是初次见面，他却像老朋友一样热情，谈风也健。"[2]

  电影于1935年元旦一公映，立即引起了巨大反响。联华收到来自全国各地的信件，纷纷索要电影主题曲《大路歌》的乐谱，聂耳的名气由此

---

1 增订版《聂耳全集》上卷，第50—52页。
2 《聂耳纪念专辑》(无锡聂耳纪念馆所发小报，1989年3月5日发行)。

唱响全国。

意料之外的失业

1934年10月13日，聂耳创作了《大路歌》以后，百代唱片公司举办了"百代新声会"。这是由任光和聂耳提议组织的一次唱片音乐会，当然最理想的是现场演奏音乐会，但并非人人都能到场鉴赏，因此采取了一个折中方案，利用公司设备播放遴选出来的优质曲目。随着唱片界竞争越来越激烈，百代公司也需要不断推出吸引顾客的新活动。当天播放的曲目由聂耳选定，包括百代最畅销的京昆名曲、中西歌曲、电影音乐等6个种类的29首曲子。其中聂耳的作品有《大路歌》《开路先锋》《毕业歌》等共计5首，任光的作品只有电影《大路》插曲《新凤阳歌》。[1] 为什么聂耳会遗漏了任光最具人气的《渔光曲》呢？这其中原因不明，本章第三节将会讨论这个问题：聂耳对这位前辈作曲家似乎心怀不满。

此时蔡楚生拜访聂耳，邀请聂耳为他编剧的电影《飞花村》创作主题曲，该片由一年前遭遇过袭击事件后改组的艺华影业公司拍摄，导演郑应时、编剧蔡楚生。电影描写正直的火车司机一家受到邪恶狡猾的火车站站长迫害，遭遇种种不公的故事。聂耳创作了主题曲《飞花歌》和插曲《牧羊女》，歌曲明媚动人而生机勃勃的色彩减轻了故事的悲剧性，前者歌唱春夏秋冬一年四季花虽美，背后却有种花人的辛劳；后者是一首可爱的儿歌，小小牧羊女孩因父母遭遇悲惨而牧羊，稚气中饱含酸楚。曲调创作完成后，不仅是蔡楚生，导演郑应时、作词的孙师毅皆赞不绝口。然而艺华影业公司将影片歌曲交由美国资本的胜利唱片公司出品及售卖，于是聂耳

---

[1] 增订版《聂耳全集》中卷，第561页。

遭到百代公司老板的严厉问责，百代公司感到不满的是聂耳竟将自己的作品交由竞争对手出品。聂耳却不以为然，认为自己不过受友人之托，为有价值的影片创作了歌曲而已，没想到触及企业间的利益。本来上海电影界也有超越公司界限相互帮助的传统，这也是一种美德，这次却事与愿违。很难说是否由于此事的影响，聂耳在这一年的11月末，向百代公司提出辞呈。上司任光并无任何挽留之意，也许他们俩的关系早已貌合神离。

这是聂耳第四次失业，如果告诉家人，自然令家人担忧。但如果从旁人口中得知这个消息，肯定更令家人心痛。聂耳决定自己先报告现状，于是他提笔给母亲写信：

亲爱的妈妈：

又是好久没给您老人家写信了！您知道我每天总是在忙字里头兜圈子，实在没有法子把信写得勤点。

为了种种复杂的原因，我不能不向百代公司辞职了。但是，您别着急，我并不会因此而发生生活上的问题的，因为我现在可以靠自己的本事吃饭，想来随便怎样总不致饿饭的。

我回家的事恐怕很快会实现了，最早要过了旧历年，因为《大路》和《新女性》的音乐工作要那时候才可以做得了，同时还有许多手续也需要相当时间办理交代的。

我近来身体特别好，本来饭量已经很好，现在又增加了，脑袋从来不痛，我很奇怪！

我搬了家，租了一架钢琴，每月租费十元（从前是在百代公司练，现在只有自己租，这是不得不备的工具）。我仍继续学习钢琴、作曲，下月的学费发生问题时，或是会要中断一下，不过我想总会有办法的，我情愿吃大饼也不愿欠学费的。

我到阳历年底或者会有一百多元的收入（版税，酬劳等），我决定想法寄点来给您老人家零用。我出来几年了，到现在才有本事寄点钱回家，实在惭愧。妈妈！您拿到虽然不多的几个钱，想来已经够开心了！

近两礼拜来，每天总是三四点钟睡觉，为了赶配《大路》的音乐及音响，这戏要赶新年公映的。

今晚因机器出毛病，我借此机会大还信债。现在已经天亮了，眼睛有点靠不住了！（新住址：霞飞路1258号）

祝您

福体健康！

四儿 守信上
12月17日[1]

回顾1934年——自我表扬的评论

聂耳在1934年至1935年间，经常利用工作闲暇见缝插针地撰写评论文章。1935年1月6日《申报》新年增刊号上，他发表了一篇文章，题目为"一年来之中国音乐"，回顾过去一年音乐界情况，内容包括电影音乐、广播音乐、音乐会、音乐出版物、关于音乐的论争、展望未来这6个项目。可见聂耳忙中偷闲地看电影和欣赏音乐会，认真遵守着1933年11月自己制定的"健康细则"。

关于自己工作领域的电影音乐，聂耳首先评价任光作曲的《渔光曲》是开创新潮流的划时代作品。《渔光曲》之后的作品则列举了自己作曲的

---

[1] 增订版《聂耳全集》中卷，第168页。

《毕业歌》《大路歌》《开路先锋》《飞花歌》《牧羊女》，接着提到任光的《新凤阳歌》和《燕燕歌》。他特别地赞美自己《大路歌》《开路先锋》的"刚健新颖、雄烈悲壮为难得。这些脍炙人口的歌曲，应该是一九三四年中国音乐不可多得的出产"。[1] 另一方面，聂耳评论天一影片公司、明星影片公司中的歌曲不曾引起注意，也没有多少影响。自己与任光的音乐作品（电通、联华、艺华影业公司）属于新音乐，"新音乐的新芽将不断地生长，而流行俗曲已不可避免地快要走到末路上去了。"[2]

聂耳的文章论点鲜明，无论褒扬还是批评，都注意在文章中列出充足的具体论据。这篇以笔名"王达平"发表的文章自我赞赏的成分太多，很容易被诟病为王婆卖瓜、自卖自夸。聂耳忽视了他所处的20世纪30年代上海电影音乐界的成果以及这些作品鼓舞大众所产生的巨大力量，在这个风云变幻的时代，还有许多被人们忽略的精神成果需要彰显。文章发表时聂耳已经离开百代，他的视角超越了个人，而是面向上海电影界音乐家们共同的目标，面向那必将到来的新音乐之路。聂耳赞颂的是新时代的音乐——同时亦是伴随革命成长的音乐，他和任光等年轻作曲家们活跃于上海电影界，集结力量为抗日救国而努力，肯定及发扬这一志向与业绩是聂耳借此篇自夸的"评论"向社会进行宣传的目的。

---

1 增订版《聂耳全集》中卷，第89页。
2 增订版《聂耳全集》中卷，第92页。

第三节　积极作曲

重返联华

　　1935年1月，新的转机出现了，联华影业公司第二制片厂聘请聂耳做音乐部主任。聂耳被第一制片厂解雇不过是一年前的事情，而且他就职于百代公司时还承担了联华的工作，联华此时很清楚聂耳的实力，他们大概也意识到当时抛弃聂耳是多么不明智。前文曾经提到过的第二制片厂云集了优秀的左翼电影人，对聂耳来说，此处正是天时地利人和。当《一年来之中国音乐》刊发后，蔡楚生再次邀请他参与《渔光曲》之后的另一部新作品《新女性》的音乐工作，因此重返联华也是顺水推舟。

　　《新女性》作为这一年的贺岁片上映，讲述知识女性韦明遭遇婚姻失败，依靠担任音乐教师及写作谋生，与人生苦难做斗争的生涯。女主演是风华绝代、演技出神入化的女明星阮玲玉。故事女主人公以自杀为结局，编剧及主题曲词作者孙师毅并不愿意将电影拍摄成单纯的女性悲剧，在电影的最后一幕，朝霞万丈中女工们昂首挺胸地走向纺织工厂上班，鲜明地描绘出劳动女性的形象。[1] 聂耳为了创作电影尾声的音乐，到曾经发生过1925年"五卅惨案"的日本纱厂实地考察，仔细观察女工们劳动和生活的情形，为配合强有力的歌词创作出了振奋人心的旋律。聂耳还想到了一个好主意，他计划组建一个公司内部的合唱团，让成员们打扮成纺织女工来演唱电影主题曲。聂耳的主意很快得到了联华的支持，于是他一个人完成了合唱团的招募和组建工作，"联华声乐团"迅速成立。

《新女性》于春节上映，毫无悬念地获得好评如潮，金城大剧院连日客满。实际上，这部电影公映前一波三折，主演阮玲玉的私生活被娱乐报纸抓住把柄，各种流言蜚语传遍全城，甚至对即将上映的电影也产生了坏影响。报界事先已经得知电影《新女性》中有抨击讽刺上海娱乐小报的情节，对此极为不满，各大报纸纷纷以阮玲玉情感绯闻及金钱官司为由攻击她的作品。据说酿出满城风雨的还有国民党的势力，因为他们惧怕《新女性》公映后的社会影响力。导演蔡楚生担心电影如果遭到报界共同抵制会遭遇失败，最后不得不做了妥协，剪切了部分镜头。阮玲玉精神上遭受巨大压力，不如意的生活波及事业，她于3月8日国际妇女节当天服毒自杀，留下"人言可畏"四字遗言，24岁即香消玉殒。阮玲玉的自杀与《新女性》女主人公的结局如出一辙，震惊上海全城[2]，为《新女性》投入心血和精力的聂耳自然也不例外。阮玲玉自杀那天，聂耳的日记写道："阮玲玉自杀了！《静夜》应该成为纪念她的曲子了。"但由于工作繁忙，这个愿望并没有实现。

---

1 但是最后一幕所表现的纺织女工与身为大城市职业女性的女主人公之间关联并不明晰，缺乏内在伏线，所以未免有些唐突。
2 连不怎么关心国产电影、只看好莱坞影片的鲁迅都批判将阮玲玉逼上绝路的报业。(《且介亭杂文二集》，《鲁迅选集》第11卷第182页，松枝茂夫译，岩波书店1956年）

持续的忙碌

这个时期的聂耳尤其忙碌,去年年底在给母亲信中约好过年归省探亲的诺言也没有实现。过了春节后的2月26日,他好不容易再次写信给母亲。聂耳这次在信中汇报自己工作和生活:重新到联华就职非常顺畅,当上了音乐部主任,月薪50元,工作劳碌,为了《新女性》的配音工作曾经三天三夜未休息……对自己没有实现回家过年的诺言,聂耳也许感到有点羞愧,他绝口不提此事,只在信中强调忙得厉害。除了月薪收入,每月还有七八十元的其他进账,50元交学费,剩余的充当房租、伙食、钢琴租赁费,有额外收入时可以添些衣物,生活终于不像过去那么窘迫了,但由于附近没有包饭的好地方,平时吃饭不太方便。母亲在上封信里提到聂耳寄回的钱已经代他存好,聂耳劝母亲不要替他存钱:"您喜欢什么请[1]的买点请请,您喜欢穿什么买点穿穿。"[2] 信末向母亲祝福,过年没回家的事情也没有道歉就收笔了。1935年1月末至2月初,在《新女性》公映前,聂耳参与了戏剧工作,他为田汉的三幕歌剧《回春之曲》创作了4首插曲,分别是《告别南洋》《春回来了》《慰劳歌》《梅娘曲》,这4首曲子均由田汉作词。

左联以"上海舞台协会"的名义组织了《回春之曲》的公演,地点是金城大剧院,金焰、王人美、赵丹、袁牧之、王莹等明星演员共同演出。聂耳除了担任演员的歌唱指导,还现场担任吉他伴奏和乐队指挥,一人三头六臂般活跃在舞台上。《告别南洋》这首歌曲饱含着东南亚华侨思乡爱国情怀,据说此曲传唱广泛,许多华侨受到感召,纷纷回国投身到抗日救

---

[1] 云南话,"请"即"吃"的意思。专用于请长辈或客人吃东西时说的客气话。——《聂耳全集》编者注
[2] 增订版《聂耳全集》中卷,第169页。

1935年，聂耳仿照南洋的风俗，戴着花环，自弹自唱《回春之曲》的歌曲

国运动的前线。另外,王人美演唱的《梅娘曲》在创作上吸收了传统民族歌曲的优点,成为评价甚高的名曲流行至今,是著名歌手李谷一、谭晶的拿手歌曲。

与旧友心生芥蒂

忙碌的日子持续着,进入2月份,聂耳为艺华影业公司阳瀚笙编剧、岳枫导演的《逃亡》创作了主题曲《逃亡曲》(后改为《自卫歌》)和插曲《塞外村女》,这两首均由唐纳作词,描写遭受日军空袭不得不逃离村庄的青年男女的悲剧故事。同时,他还为艺华影业卜万苍导演的《凯歌》创作了主题曲《打长江》及插曲《采菱歌》,这部电影以抗战前夜的江南农村为舞台,讲述农民们遭受旱灾的故事。歌曲作词对外说是导演卜万苍,实际是田汉,田汉当时已经被当局"挂号",他的名字不可能对外公开了。然而聂耳为《凯歌》创作的两首曲子并没有被采用。田汉表示原因是聂耳对艺华有所不满,自己把曲子撤回了,"改由任光作曲,曲调不如聂耳所作的感情激越、拍节铿锵。"[1] 为什么聂耳连对田汉都不打一声招呼就撤回了自己的曲子呢?关于其中缘由,有这样一种推测。事情要回溯到一年前拍摄《渔光曲》时,聂耳跟随摄制组到石浦,意外患上了白喉。病痛难治之下,聂耳独自返回上海,但没钱看病,就向卜万苍借了50元。卜万苍脱离联华转到艺华之际,以此为借口要求聂耳"还清欠款",令聂耳很是为难。[2] 也就是说,问题不在艺华,而在于卜万苍。聂耳视卜万苍为好友,生活艰难中却被他追讨欠款。这是与月薪相当的一笔大数目,欠款算清时

---

1 田汉《忆聂耳》,聂耳·冼星海学会编《永生的海燕》,收录于增订版《聂耳全集》,下卷,第197页。
2 见1933年11月5日写给母亲的信,增订版《聂耳全集》中卷,第160页。

大概缘分也就到尽头了吧。有过前嫌，到了《凯歌》合作时，聂耳也许再次心生芥蒂，那为了亲密的田汉而承担下来的工作也弃之不顾了。

另外，聂耳与任光之间的龃龉，冰冻三尺非一日之寒，有必要在此说明。1934年年末，聂耳日记里有这样一句：

《大路》事件，暴露了他的阴谋。[1]

根据向延生的意见，这里的"他"指的是任光。[2] 从法国留学归来的任光是作曲界的冉冉新星，他年龄比聂耳大一轮，得到的待遇与聂耳很不同，不仅薪水比聂耳高很多，而且住在小别墅里，往来代步的是时髦的小汽车，风头强劲。在聂耳看来，自己靠薪水和版权勉强度日，眼前的任光则过着高档次的奢华生活，他心里也许别有一番滋味。聂耳日记里的这句话并没有挑明，但电影《大路》里4首曲子，聂耳与任光各作两首，他言下之意在暗示两者的唱片录音条件和报酬可能并不相同。向延生长期采访聂耳同时代的人物，我认为他的推测有一定说服力。

---

[1] 增订版《聂耳全集》中卷，第561页。
[2] 以下均由笔者采访向延生所闻。

第四节　倾注心血于《义勇军进行曲》

田汉被捕——《风云儿女》与《义勇军进行曲》

新兴的电通影片公司在1934年夏季因《桃李劫》大获成功，当年年末，电通邀请田汉编写一部抗日救国的新片。田汉很快完成了《凤凰涅槃》，然而国民党当局的魔爪正在逼近，1935年2月19日深夜，田汉被捕。田汉被捕后，电通将《凤凰涅槃》委托给夏衍，后者将其更名为《风云儿女》，起用许幸之为导演。许幸之是一位画家、美术评论家，当时是电影界的外行。夏衍注意到许幸之在视觉艺术方面的潜能，而且当时其他导演也没有档期。1930年4月夏衍改编雷马克的《西线无战事》并在上海演艺馆（现在的永安电影院）上演，获得好评，当时的舞美设计就是许幸之[1]。聂耳得知夏衍接替田汉制作电影《风云儿女》，立即面会夏衍，申请创作电影主题曲。聂耳一方面震惊于自己敬爱的前辈田汉入狱的消息，另一方面决心要将田汉的抗日救国精神通过自己的旋律传播于大众，聂耳

---

[1] 刘平《中日现代演剧交流图史》，生活·读书·新知三联书店2012年，第286页。

坚信这是自己的使命，夏衍当然同意。

田汉在被捕前，不仅完成了电影剧本，连主题曲《义勇军进行曲》的歌词也已经写好了第一段。向延生认为田汉在被捕前的时刻，手边唯有一片香烟包装纸，于是将歌词记录在包装纸的背面。《国歌历程》的作者郭超则持不同意见，他以夏衍等人的回忆为依据，认为田汉将歌词写在剧本的末页。[1] 两种意见至今未见分晓。另外，曾经还有一种说法认为是夏衍写作了歌词，或者说夏衍修订了田汉的歌词初稿，这是误解。工作中歌词那页被水浸湿模糊了，夏衍怕旁人看不清，在电影剧本里誊写一遍，留下了笔迹，所以有这样的误解。[2] 下文将提到，聂耳在编曲的过程中对若干歌词做了修改。

调整歌词，完成作曲

《义勇军进行曲》歌词如下：

起来！
不愿做奴隶的人们！
把我们的血肉，筑成我们新的长城！
中华民族到了最危险的时候，
每个人被迫着发出最后的吼声。
起来！
起来！！

---

[1] 向延生《影片〈风云儿女〉及其主题歌〈义勇军进行曲〉》，增订版《聂耳全集》下卷，第417页。郭超《国歌历程》，中国国际广播出版社2002年，第72—73页。
[2] 《夏衍谈义勇军进行曲》，《人民日报》1982年12月5日。

起来！！！

我们万众一心，冒着敌人的炮火，

前进！

冒着敌人的炮火，

前进！

前进！

前进！进！

在编曲阶段，田汉的歌词初稿令聂耳感到有些棘手。如果忠实地依照田汉的词，歌曲唱起来不顺口。作词者被捕入狱，无法见面商量。于是聂耳与电通影片公司的词作家孙师毅讨论后，将部分语句做了调整。首先"冒着敌人的炮火"这句，田汉原文是"飞机大炮"，词汇拖沓不好演唱，改为"炮火"。"起来"改为重复三遍。最后"冒着敌人的炮火，前进！"重复两遍，强调性的叠句表现出坚强的意志和强劲的旋律。田汉出狱后听了这首曲子，他惊叹于聂耳精准的修订成果，对此深感叹服。《义勇军进行曲》的成功归功于聂耳生于疾苦、时刻不忘疾苦的时代精神，简洁有力的歌曲实现了聂耳的理想：创作出与时代民众产生共鸣、易于传唱的歌曲，技术上复调对位法的运用使曲调明朗轻快，传达出改变残酷现实，面向光明未来的希望。

聂耳的大多数作品贯穿着强烈的个人特色——聂氏"革命乐观主义"，激励人心，催人奋进。他时时以创作"人民的歌曲"为目标。在当时，并非所有艺术家都能有如此抱负。例如比《义勇军进行曲》早三年公开的伪"满洲国""国歌"就是一首词曲皆难解难唱的歌曲，后来被更替。[1]这首"国歌"由伪"满洲国"首任"国务院总理"、才子郑孝胥作词，日本国宝

---

[1] 岩野裕一《王道楽土の交響楽 満洲——知られざる音楽史》，音楽之友社1999年，第216页。

级音乐家山田耕筰作曲。另外还有例子，上海国立音乐专科学校教授、著名的作曲家、音乐教育家黄自所作的《抗敌歌》，是早期的抗日名曲，但这首歌曲"需要高度的合唱技巧，并非所有人都能随意演唱。"[1] 由此可见，并非所有艺术家都有能力将创作功力与民众需求融为一体，聂耳做到了这一点。国民政府罔顾民众疾苦和祖国存亡继续施行"不抵抗"政策，聂耳深感愤怒，他废寝忘食地将心中情感寄托于作曲。贫困的少年时代、故乡少数民族的痛苦、学生时代恩师被捕的冲击、被火车碾压的捡煤渣少女、在日军炮火下惶恐奔逃的人们，聂耳人生中耳闻目睹的一幕幕，那些非正义、不公平的种种浮现脑海，强烈的革命热情化为一个一个音符从胸中流淌出来。他花费两个月时间研究思索，1935年3月中旬，完成了又一部作品，导演许幸之作词的插曲《铁蹄下的歌女》[2]。

聂耳将电影《风云儿女》的作曲初稿送给导演及同事们看，得到了一些建议。但此时风云突变，危机骤生，聂耳得知被捕的危险迫近眼前，已经没有时间慢慢琢磨和修改了。他携带初稿乐谱匆匆赴日，在旅途中完成了修订。聂耳最迟在5月初向电通公司寄出了定稿乐谱，收件人是孙师毅和司徒慧敏。因此有人认为"《义勇军进行曲》是在日本完成的"，这也算说得通吧。

---

[1] 榎本泰子『歴史は歌う』、臼井隆一郎 高村忠明編『記憶と記録』シリーズ言語態4，東京大学出版会2001年，第159頁。

[2] 《铁蹄下的歌女》虽然没有《义勇军进行曲》那么耀眼的光芒，事实上这是一首名副其实的名曲。王人美悲切地唱出了那些被迫背井离乡、被迫卖唱的歌女们的痛苦，深深地打动人心。在创作技巧和艺术特色方面，《铁蹄下的歌女》可以说是翌年1936年创作的《松花江上》（张寒晖作词作曲，电影《孤岛天堂》的插曲）的先驱之作，《松花江上》是与《义勇军进行曲》齐名的著名抗战歌曲。

《义勇军进行曲》的影写谱,原载于《电通》画报1935年6月1日第二期

《风云儿女》公映后的评价

《风云儿女》的故事是这样的：青年诗人辛白华（袁牧之饰）和曾经参加过军队的大学生梁质夫（顾梦鹤饰），两人都是东北人，又是极要好的朋友。"九·一八"后，他们从东北流亡到了上海。虽然过着流亡生活，但他们并没有颓废下去，时时以国家民族为念。在他们的二楼，住着由华北流落到这里来的穷苦的阿凤（王人美饰）和她的母亲。辛白华和梁质夫时时给她们以同情的帮助。不久，梁质夫因为有一个参加了革命的朋友，也连带地被捕入狱，辛白华因为仓促逃避而和一个富家孀妇（谈瑛饰）发生了关系，做了"爱情"的俘虏，而阿凤则在母亲死后，参加了歌舞班，到各地演出。梁质夫释放出狱时，华北风云日亟，热河失守，敌人的铁蹄踏进了长城，梁质夫遂北上抗敌，而这时的辛白华却正挟着他貌美多金的爱侣避暑青岛，陶醉于儿女私情和自然美景而远离了现实生活。这时，歌舞班来青岛演出，与阿凤的相见，以及她演出的《铁蹄下的歌女》，唤起了辛白华的爱国感情，但他又未能跳出"爱情"的羁绊，转而沉寂下来。直至好友梁质夫在长城古北口英勇牺牲的消息传来，辛白华这才大为震动，毅然舍弃了逃避斗争的逸乐生活，走上了抗敌的最前线，出现在华北民族解放战争的炮火中。[1]

电影里每当出现华北抗日前线镜头时，就会响起主题曲《义勇军进行曲》，令观众印象深刻。关于这首歌曲对民众的影响，程季华这样评价："这支在中国音乐史及电影史上将永远闪烁着战斗光芒的革命歌曲，以奔放豪迈的革命热情，高亢激昂的旋律和群众喜闻乐见的形式，震撼人心地唱出了当时民族危机的深重，唱出了团结战斗的意志，唱出了时代的声

---

1 程季华《中国电影发展史》第 1 卷，中国电影出版社 1963 年，第 385—386 页。

音、人民的声音；它有如进军的号角，使人热情迸发，精神为之一振。"[1]

但是电影本身并没有获得很高的评价。导演许幸之自身也认为故事落入俗套，缺乏厚重感。理由是制片厂里经常有国民党出入干涉工作，自己是电影界的外行，摄影师也不够专业等，因此作品没有得到高度的提炼。[2] 但许幸之高度评价主题曲的影响力，多年后他面对日本媒体的采访表示："如果说这部电影有优于其他电影的地方的话，那就是《义勇军进行曲》。这首歌吹响了抗日战争冲锋的号角，爱国志士们唱着这首歌与日军战斗，唱着这首歌慷慨赴刑场。因此新中国定这首歌为国歌。"[3]《义勇军进行曲》不仅仅在抗日战争中成为冲锋号角，在后来国共内战时期也成为共产党的革命号角，被战士们及劳苦大众响亮传唱，这为它奠定了后来成为国歌的地位。

到日本去！

1934年至1935年，《桃李劫》《大路》《新女性》相继上映，聂耳的作品迅速在社会上广泛传播，这引发了国民政府对这位年轻的抗日、革命歌曲新旗手的关注。田汉被捕两个月后，就在《风云儿女》即将公映时，危险骤然降临。1935年4月1日，聂耳日记里写道："晴天的霹雳到来了！到日本去！牛皮！三哥！留欧！"[4] 就在这一天，聂耳从北京时期的亲密友人于伶那里得到了政府即将逮捕他的消息。从日记上看，聂耳处于慌乱危

---

[1] 程季华《中国电影发展史》第1卷，中国电影出版社1963年，第385—386页。
[2] 许幸之《重映〈风云儿女〉的几个感想》，《人民日报》1957年12月26日；许幸之《忆聂耳》，《人民日报》1982年2月15日，收录于增订版《聂耳全集》下卷，第226—229页。
[3] NHK采访班编《日本の选择2魔都上海 十万の日本人》，角川书店1995年，第195—196页。
[4] 增订版《聂耳全集》中卷，第562页。

急的紧迫中，又带着紧张和兴奋，以前留学欧洲、日本的梦想似乎也同时降临了。"牛皮"和"三哥"指的是三哥聂叙伦在大阪毛皮公司工作的事情，这是向周围朋友说明离开上海的缘由："我要去大阪，去给做毛皮生意的三哥帮忙。"看过前文大家都知道，毛皮公司改弦更张为烟草公司后很快就破产了，聂叙伦很早就回到了昆明，这么说是为了掩人耳目，逃避当局的追查。

聂耳立即向党汇报了逃亡计划，提出赴日、留学费用的申请。当时中国共产党的经济情况非常艰难，但为了保护这位创作抗日歌曲的熠熠生辉的青年音乐家，为了让聂耳进一步提升学识，党帮助他实现了逃亡和留学的计划。[1] 中国左翼知识分子及活动家前往苏联及欧洲时，通常会途经日本。尽管中日两国处于局部交战状态，但航船旅行不需要护照，且具有相距近而费用便宜、生活习惯及语言方面有方便之处等原因，许多左翼艺术家、活动家、学生们受到政府迫害时，都愿意逃往日本。东京有中国左联的支部，他们开展文艺活动，出版《东流》《杂文》《诗歌》等杂志。聂耳的云南朋友张鹤（张天虚）一个月前去了日本。

出发赴日之前，聂耳给母亲写了一封信。

亲爱的妈妈：

　　生活变迁之快，实在给人想不到，我将在最近两三天内要动身到日本去。

　　因为我有一个很好的机会，可以到欧洲去游历，但是先要到日本考察一次，视成绩的优劣再定，所以我这次非努力一下不可了！

　　所考察的是电影与音乐、舞台戏与音乐、歌舞剧等，一切旅费及

---

[1] 作曲家团伊玖磨曾经就此事询问过夏衍，夏衍回答说："就在聂耳出发去日本的两月前，上海党组织被国民党破坏了，但依然有能力负担聂耳逃亡国外的费用。"（團伊玖磨《降ってもパイプのけむり》，朝日新聞社1994年，第258页）

在日的生活费当然是由公家担负。自己不花一个钱的，大概在日本有四五个月的耽搁。

从上海到日本不过两天工夫[1]，旅费只消十几块，又不要什么护照，日金仅值国币七八毛，这样看来简直是再便当没有了。

妈妈：您别以为我现在是到外国去，更远的离开您了，实际上等于到南京、北平一样，何况这是一种千载难逢的机会。

许多手续事没做了，这几天真忙得要死！各影片公司都还欠我钱，收起来约有一二百元，家里若需什么用费，可寄航信给我。这钱我预备存起来的。

到日本再寄信来！祝您

快乐！ Everybody 好！

四儿 守信谨叩
4月9日

张二哥！春晖！十妹及亲友们致意恕不另！[2]

信末又及提到的张二哥是好友张庚侯，还有初恋女友袁春晖。提到张庚侯就罢了，为什么言及那位早已断绝音信的袁春晖呢？也许聂耳自身也未必意识到，这次的挥手致意，原来是与故国故土的一次生离死别。

1935年4月15日清晨，聂耳在提篮桥的汇山埠头坐上日本邮船"长崎丸"前往日本。当天的日记这样写道："到汇山码头已经八点钟，'长崎丸'的三等舱里挤满了中国人。还是没有人来送行好，省掉不少的麻烦，好在他们都能谅解我的苦衷，真的一个都没来。"[3]事实上，聂耳的朋友们

---

1 从上海到长崎，当时坐客船大约需要26小时。
2 增订版《聂耳全集》中卷，第170页。
3 增订版《聂耳全集》中卷，第569页。"长崎丸"三等客舱定员200人。

正在不远处悄悄地目送他远行，赵丹后来回忆那场离别：

> 离别的日子到了。（袁）牧之、（郑）君里和我几个人到码头去送他。我们看着镊子意气风发地上了船。船缓缓地离开江岸，远了，远了，系在船岸之间的彩带断了。只是在这个时候，我从望远镜里看到他在擦眼泪。离开了伙伴们，离开了多难的祖国，离开了战斗的地方，他，流泪了！这是我见到他第一次流泪，也是仅有的一次！[1]

---

[1] 赵丹《聂耳形象的创造及其他》（摘录），《电影艺术》1963年第2期，收录于增订版《聂耳全集》下卷，第252—253页。

第四章

逃亡日本与客死他乡

第一节　东京的生活

经过长崎、神户到达东京

聂耳的逃亡目的地日本，此时此刻军方势力日渐抬头，言论和思想日益遭到钳制，不仅社会主义、共产主义思想，连自由主义思想也成为严厉弹压的对象。1935年6月，日本陆军强迫中国政府承认《何梅协定》，内容包括"取消国民党在河北及平津的党部，撤退驻河北的军队，取缔河北省的抗日团体和抗日活动"，日军由此控制了华北一带。其后，陆军内部接二连三地发生了因对立而引发的血腥事件：1935年7月真崎甚三郎教育总监被撤职、8月永田铁山军务局局长被斩杀、翌年发生的惊人的"二·二六"事变。

1935年4月16日下午，聂耳乘坐的"长崎丸"号轮船驶入长崎港口。让我们读一读聂耳到达那天以及其后几天的日记心得吧。

4月16日

下午一时二十分到长崎,登岸吃了中国馄饨。五时开船。

4月17日

下午三时抵神户。伴苏州朋友到大阪(乘电车),"红兰亭"的宁波大师傅请吃中国饭。夜十时坐快车往东京。

这一夜,睡眠太不舒服。和日本人的谈话,颇有趣。

4月18日

上午八时半抵东京车站,汽车直达张鹤的住所。"东亚"[1]听了两个钟头的课。

写七封信,主题是"牛皮生意"[2]。

4月19日

"东亚"报了名,拉四点钟提琴。

和(张)鹤到大冈山访孔老(孔祥越),在吴诚格[3]的新居大谈其往事。十一时返,自己坐电车回来的。夜市,好便宜的书![4]

聂耳由神户登陆后经过两天顺利到达东京,中学以来学习的日语知识派上了用场,他能够顺畅地与日本人对话。18日早晨到达东京站,旧友张鹤赶来接站。张鹤接到聂耳,立即带他到自己和杨式谷同住的宿舍,地点大约在他们的日语学校——东亚高等预备学校附近。此处住着许多中国

---

[1] 即东亚高等预备学校。
[2] 指聂耳报告亲友他以"找做牛皮生意的三哥"为名来到日本。——《聂耳全集》编者注
[3] 孔祥越、吴诚格及下文所提到的杨式谷皆为留学日本的云南友人。
[4] 增订版《聂耳全集》中卷,第569—570页。

1935年,聂耳(左一)与同乡友人张鹤(左二)、杨式谷(右)等在日本东京隅田公园合影(蹲者为聂耳的家庭日语教师渡边妙子)

留学生,对张鹤来说是个方便的地方,但对聂耳来说却太嘈杂了。后来聂耳向他们提出要求,为了更好地练习小提琴,请张鹤和杨式谷代为另寻一个安静自由的居所。[1] 于是4月下旬至5月上旬,聂耳搬到了神田区神保町二丁目十二番地第二号居住。[2]

迁居之后,聂耳和张鹤依然一起上学、一起吃饭、一起娱乐,每天共同行动。[3] 聂耳受到旧友的热情关照,翻开了东京生活的序幕。

东亚高等预备学校与寄宿生活

聂耳就读的东亚高等预备学校位于东京市神田区中猿乐町六番地(现在的千代田区神保町四丁目),就在聂耳寄宿地(梶原胜次家宅)的旁边。这所学校由日本国文学研究家松本龟次郎于1914年用个人资金设立,松本先生将一生奉献给中国留学生教育事业,创办了日华学生可共同就读的东亚高等预备学校。当时中国学生在日本经常受到歧视,然而踏入东亚高等预备学校的大门,日本老师和职员温厚平等,一视同仁,丝毫没有歧视。[4] 不幸的是,1923年9月关东大地震造成校舍楼宇全面毁坏,后来学校由国库出资重建校舍恢复设备,经营则转交给日华学会。[5]

---

[1] 杨式谷《回忆聂耳在东京(摘录)》,云南省政协编《云南文史资料选辑》第14期,1981年,转载于增订版《聂耳全集》下卷,第278页。
[2] 2012年7月,为纪念聂耳100周年诞辰,聂耳的侄女聂丽华、聂耳研究学者崎松、昆明市政府干部来到日本。我当时担任向导,带领他们参观了东亚高等预备学校遗迹及神田等聂耳相关的地点,还找到寄宿地点梶原氏的宅子附近,此处虽然未曾遭到空袭,但80年的岁月已经过去,很难寻到当年的痕迹。
[3] 张鹤《搜索着我们过去的历史的——1935年于日本忆聂耳》,中国文化部《新文化史料》1992年第1期,转载于增订版《聂耳全集》下卷,第178页。这篇文章的末尾写着"1935年7月27日于日本保田",由此可知张鹤当时在千叶县馆山附近的保田海岸得到了聂耳去世的消息。
[4] 武田胜彦《松本龟次郎的生涯——周恩来·鲁迅的师》,早稻田大学出版部1995年,第204页。
[5] 日华学会成立于1918年,由原文部大臣小松原英太郎为会长、当时第一银行行长涩泽荣一等为顾问,此团体为支援留学日本的中国留学生而成立,其活动延续至1945年。为了避免中国留学生归国后成为抗日成员,日华学会在留学生的入学、住宿、实习等各方面实施优厚待遇。

当时日本各地均有接收中国留学生的学校和大学，东亚高等预备学校是打基础的语言学校，大多数学生在这里学好日语，再进一步升入大学。聂耳踏入日本的1935年，适逢留学日本热潮的更迭期。在大正末期，东亚高等预备学校的留学生数量最多时达到800名，经过1931年的"九·一八"事变、1932年上海"一·二八"事变后，人数迅速减少为45名。1933年左右留学生人数又重新上升，1935年达到2000名。[1] 聂耳就在学员人数猛增的时期入学，与同窗学友们一起度过了短暂的学习时光。与聂耳同住的冯绍京有一篇重要的回忆文章，文中详细介绍了聂耳的东京生活细节，虽然篇幅比较长，却值得引用。

> 1935年的一个星期天，声声动人的琴音引起了我的好奇——这是哪来的小提琴声？我追音寻人，当我走到三楼一个多边形的亭子间，终于找到了：他是个个子不高的青年，虽然身着日本大学生制服，但不是金（铜）扣，在日本人眼里，就是一个普通佣人。他见我进来，放下了手中的琴。我们攀谈了起来，知道他是云南人，刚到日本不久，名叫聂守信，也在东亚学校学习。他当时告诉我，想取道日本去意大利学音乐。今天看，显然没有告诉我真意。
>
> ……
>
> 一天从报上看到，日本新交响乐团要演出贝多芬第六（田园）交响乐。他就跟我说，交响乐是音乐艺术的最高形式，在中国目前是看不到的，只有上海工部局有个交响乐队，成员也大都是外国人。他拿出了袖珍总谱，给我讲这部交响乐的主题、每个乐章的内容。尽管当时我是第一次听到交响乐这个名称，更是第一次知道这么多音乐知识，但他那认真而又深入浅出的讲解，一下子使我着了迷，并跟他一

---

[1] 日华学会编《日华学会二十年史》，日华学会1939年，第153页。

块买票看了这场演出。由于事先给我作了讲解,听完后大开眼界,进一步懂得了音乐的价值,并从此开始向他学习小提琴。他教我是非常严格的,一切都是正规的……

当时,他的生活很困难,月底经常连吃饭的钱都没有,只能借钱度日。他的屋子里只有一个木头桌子,一把椅子,一个小行李,最珍贵的财产要算他手中的那把提琴和二尺来厚的一垛乐谱,无疑,这是他的心爱物。日子久了,我发现他宁可不吃饭,也要买书、听音乐会。为了他的健康,一到月底,我就主动帮他付饭钱,但他手里有钱,就立即还我。

他桌子上还有几本相册,里面贴的大都是明星的照片。像王人美、黎莉莉的,还有明月歌舞剧社跳舞的。聂守信告诉我,他曾待过的这个团的老板(即指黎锦晖先生)经营的歌曲多是靡靡之音,也曾登报批评老板,但那里的孩子们是好的,纯洁的,只是老板不好。当我翻到阮玲玉的照片时,他心情非常沉重地说:"她死了,她是个难得的好演员,太可惜了,是中国的社会把她杀死了!"

在同一个楼里还住着一位姓李的朝鲜人,聂守信对他比我还亲。我当时很不理解,我们是同宗同祖哇,可聂守信却说:人家亡国了!后来我参加革命才懂得,这是国际主义精神啊!

我在自己的屋子里,几乎天天可以听到聂守信的琴声。开头经常是练习曲,有时也拉拉流行歌曲。他拉得最多的是舒曼的《梦》和德尔德拉[1]的《回忆》……

一晃暑期到了,他邀我假期去洗海澡,由于我思家心切,一放假我就回国了。当我在开学前返回东京时,一进门,渡边幸子(房东夫人)就沉痛地告诉我:"聂先生淹死了!"我听了这个消息,简直惊

---

1 弗朗蒂切克·德尔德拉(Frantisek Drdla,1868—1944),捷克斯洛伐克作曲家,小提琴家。

呆了。急步跑到三楼上,人去楼空,只有他用过的小提琴和他读过千百遍的乐谱,还守护着主人的房间。我久久地望着它发呆,我失去了一位兄长,一位乐友,一位老师!我回到自己的住室,很长时间都有孤寂感……

大概是1936年春,我在东京街头的书摊上,见到一本聂耳纪念册,当我翻阅时,才知道聂守信就是聂耳,是位了不起的音乐家……

我归国后,五箱子书全部丢失了,唯有这本《霍曼》[1]我还保存着……他还代我买过一把"铃木"[2]小提琴。[3]

冯绍京从小喜欢音乐,很快与聂耳成为好友。从冯绍京的回忆中,我们看到聂耳对待朋友的友情和超越人种、民族差异的"国际主义"志向,显示出聂耳的人品与思想。"姓李的朝鲜人"叫作李相南,他是一位技师,工作于"远山照明研究所",这个机构是日本舞台照明奠基者远山静雄设立的。李相南成为聂耳电影方面的向导,是聂耳来日本后结交的挚友。聂耳曾经向留学同窗学友、后来成为作家的杜宣提到李相南是朝鲜共产党党员。1935年7月7日,聂耳在日记里写道:

老陶介绍一个朝鲜朋友给我(李相南),他是日本著名的照相家[4]远近雄(远山静雄)的门生。虽然朝鲜籍,但因在日已八年多,简直和日本人一样。我们虽是第一次见面,已经是和故友一样,毫无拘泥

---

[1] 通用的小提琴基本教程。作者为克里斯蒂安·海内里希·霍曼(Christian Heinrich Hohmann, 1811—1861),德国作曲家、音乐教育家,撰写了大量小提琴训练曲目。
[2] 留学德国的日本小提琴家铃木镇一(1898—1998)始创的教育法,培养音乐技能的同时注重通过音乐引导心灵成长。
[3] 以上内容由河北唐山作家韩溪采访冯绍京整理的文章《普通的生活 高尚的心灵》,载于聂耳、冼星海学会编《论聂冼》内部资料1985年,收录于增订版《聂耳全集》下卷,第290—292页。
[4] 应是照明专家。

地玩着、闹着。到新桥漕船[1]的时候，我们谈了到满洲、朝鲜、哈尔滨的旅行计划。[2]

冯绍京描述聂耳过着穷困的生活，实际情况究竟如何呢？日本作曲家团伊玖磨从杜宣那里得知，聂耳的小提琴盒里总是藏着700元现金。[3]根据聂耳的日记，房费是6元40钱，电影票是1元，公共汽车车票是6钱，在那种物价的年代里，700元是一笔巨款。当时光70元就相当于大学毕业公务员10个月的工资。[4]为备不时之需，聂耳随身携带着巨款，这是共产党提供的资金吗？前面一章提到旅行费和生活费都由中国共产党提供资助，夏衍也肯定了这一点。但考虑到共产党当时的状况，让人觉得难以置信。我曾就此问题询问向延生先生，他认为很可能是聂耳自己的钱。[5]向先生说，聂耳在上海时代后半期所得不菲，应该存了不少钱。当时电影主题曲的作曲费大约100元，聂耳连续创作了多部电影主题曲，唱片销路甚佳，作曲费加上版税收入是一笔丰厚的收入。如果事实如此，那么聂耳能够负担自己大部分费用，而冯绍京所目击的捉襟见肘，则是聂耳为保证积蓄尽可能延长使用期的一种方法。

开阔音乐艺术的视野

正如冯绍京在回忆中提到的那样，在东京，聂耳从不遗漏重要的音乐

1　划船。
2　增订版《聂耳全集》中卷，第573页。
3　團伊玖磨《降ってもパイプのけむり》，第256页。
4　週間朝日编《值段史年表 明治・大正・昭和》，朝日新闻社1988年，第67页。
5　增订版《聂耳全集》的注释中也采用了赴日费用自己承担这种说法。

会，他精力充沛地欣赏歌剧、话剧、舞蹈，开阔视野，增长艺术见识。同时他根据这些见闻，在上海杂志上发表了关于日本音乐尤其是唱片普及状况方面的文章。在日记中，他记下了来到东京后忙碌的艺术观赏与生活情况。

4月21日　到日比谷公会堂赴陆军户山学校军乐队演奏会。

4月22日　在日比谷公会堂听新交响乐团演奏。

4月23日　中午，东京市内游览。夜晚在东宝剧场看"宝塚"少女歌剧。

4月24日　与张鹤、杨式谷到新宿第一剧场看"松竹"少女歌剧。

4月27日　与张鹤、杨式谷游览明治神宫外苑。

4月28日　与房东家表妹渡边妙子、友人张鹤、杨式谷、台湾人小郭一起赴浅草寺及墨田公园游览。其后在一桥讲堂看曹禺编剧的中国话剧《雷雨》。

5月2、3日　于日比谷公会堂听全日本新人演奏会。

5月4日　与老侯、吴琼英（东亚同学）在银座吃大虾饭。其后上吃茶店和跳舞场。

5月12日　至九段军人会馆看岛田儿童舞踊研究所主办的儿童舞踊会。

5月14日　赴明治神宫外苑日本青年馆举办的"全日本电影竞映会"，观看《若旦那春烂漫》（松竹公司出品，清水宏导演）、《里街之交响乐》（日活公司出品，渡边邦男导演）。

5月19日　东亚学校组织到羽田海岸赶海捡海货。[1]

---

[1] 根据《东亚学校十周年纪念》册上载"昭和八年（1933年）5月羽田海岸赶海活动在羽田穴森稲荷神社前留念"照片，东亚学校每年5月均会组织这一活动。

5月24日　至日比谷公会堂听小提琴巨匠埃弗伦·津巴利斯特（Efrem Zimbalist）及新交响乐团的定期演奏。

5月26日　与杨式谷、李相南参观东京工业大学。

5月28日　于筑地剧场看新筑地剧团的《坂本龙马》。

6月2日　与李相南及一位新女友三人一起到调布的日活摄影所参观，到多摩川划船。与李相南在新宿武藏馆看电影《复活》（吉村操导演）。

6月3日[1]　于中华（留日基督教）青年会馆做中国艺术活动报告讲座。

6月6日　出席诗歌座谈会（地点及具体等不详）。

6月20日　与张鹤、杨式谷游览井之头公园。

6月27日　与张鹤、杨式谷游览植物园（地点不详）。

6月29日　于田村町（现在的西新桥）观看飞行馆[2]"创作座"剧团的第七次公演，剧目为《母亲》、《筑地明石町》、《赤鬼》。

7月8日　丸之内松竹馆看电影《传说中的女人》（池田义信导演）及歌舞伎历史剧。[3]

以上内容有几项值得留意，首先4月21日陆军户山学校军乐队演奏会上聂耳关注了3首曲子，分别是以伪"满洲国"为题的行进曲《戴冠式之钟声》、《兰花》和幻想曲《日满亲善》。在这段时期，为了粉饰与日本的亲善，伪"满洲国"的"皇帝"溥仪来到日本，东京站前安设了奉迎门，银座大街上插满日本国旗和伪"满洲国"的"国旗"，鲜花装饰的

---

[1] 增订版《聂耳全集》上卷的年谱记为6月2日。
[2] 飞行馆是旧芝区田村町（现在的港区西新桥）的剧场。筑地小剧场分裂后，友田恭助领导的筑地座剧团和地球座剧团以这个剧场为据点。
[3] 增订版《聂耳全集》中卷，第570—575页，按日期顺序进行了整理。

有轨电车在东京市内行驶。此前就已经安顿下来的聂耳见到此番光景，心中必然有所想，然而他的日记却丝毫不谈及政治，只评论曲目与演奏。聂耳评论英国作曲家沃尔特·帕特里奇的《戴冠式之钟声》"一个神圣而庄重的乐曲，在举国举行皇帝戴冠的盛仪时，伴着圣钟齐鸣"。《日满亲善》"作曲技巧优秀，但免不了东抄西抄"；《兰花》是"优美而活泼的中国风旋律"。他认为曲目还算过得去，但毫不客气地评论指挥者冈田一"太缺少气魄"。[1]

4月22日新交响乐团的演奏会最精彩的是波兰著名钢琴家阿图尔·鲁宾斯坦的独奏，聂耳没有提及他，却赞美交响乐指挥近卫秀麿，他高度评价近卫"创建日本人的交响乐团"之理想，同时写道："除了小提琴首席是西人外，其余全是日本人。佩服！佩服！"但是"大提琴独奏时太糟，双簧管独奏也有毛病，由此证明一般个人演奏技巧之不行"，所以交响乐的建设仍需努力。6月2日与李相南参观日活公司制片厂，日记里写道："看了两个摄影厂，一切并没有什么特别，等于到艺华去走一遭一样，职演员们吊儿郎当劲儿还是那末一套。"聂耳觉得日活公司和新兴而多产的上海艺华影业公司没什么两样，大概中日两国电影产业的水平比较接近吧。

作为新时代先锋的自信

6月3日，聂耳受邀参加在日留学生艺术团体举办的"东京艺术座谈会"，会议地点在神田北神保町的中华留日基督教青年会馆，他以"最近中国音乐界的总检讨"为题进行了演讲。讲话结束后，他拿出随身携带的

---

[1] 增订版《聂耳全集》中卷，第570页。

小提琴演奏了自己作曲的《义勇军进行曲》《大路歌》《码头工人》等乐曲。听众中有一位留学生伊文保留了演讲笔记，刊登于《聂耳纪念集》，如今抄录如下：

中国乐坛可分成三个阵营。一个是代表中国的封建意识的保守音乐家群，受政府豢养的学院派，如国立音乐学院的萧友梅便是他们的代表。他们的工作，是死命地制作古典的歌曲，供政府及一些学校采用。后来看见"毛毛雨"派之活跃与新兴音乐的抬头，他们便发现了自己与民众相距太远，为了取得在大众间的地位，他们也曾作了如《吐痰歌》、《新生活歌》之类的半新不旧的歌曲。然而因为他们意识的落后，作品内容的枯燥，结果除供政府御用之外，一点也得不着大众的欢迎。他们的前途便和他们的作品一样，没有政府的豢养便不能存在！

第二便是"毛毛雨"派黎锦晖等。黎锦晖的作品如《毛毛雨》、《妹妹我爱你》等曾风行一时，然而这些所谓靡靡之音的歌曲，虽然取得资产阶级及小市民层的一时歌颂，但因与封建意识相抵触而遭政府禁止及民众唾弃，一经《渔光曲》出现便失去了大众的同情，一天天走到牛角尖去了。现在，黎锦晖他们还在死命制作"哥哥妹妹"的东西，然而街头巷角已没有谁唱他们的歌了。这是证明了代表没落资产阶级意识的音乐已失了时代的意义，当然要让别的来起而代之！

第三是《渔光曲》在电影中出现后，中国大众的音乐倾向便明显地转变了。《吐痰歌》、《毛毛雨》的歌唱者都觉歌曲是他们的呼声，有要求更能代表他们情感的歌曲。《渔光曲》便适应他们的一部分愿望而热烈地受到欢迎。《渔光曲》虽然替大众诉出一部分的苦痛，但它是悲观的，微弱的，不能给他们以满足，于是更前进，更有力的歌曲便依大众的需要而出现。自《码头工人》、《逃亡曲》……等电影歌曲的异军突起，中国乐坛的新倾向具体地显了出来。现在，中国新兴乐坛是天天在转变，在跃进，偕着革命的大众向最新的境域前进！[1]

中国新兴乐坛的代表是谁，聂耳在演讲中并没有指出来，但听众之一的伊文却毫不犹豫地认为，眼前这位年轻的、对中国社会有着充分认识的、对革命有着满腔热情的聂耳，就是中国乐坛的担当者。聂耳的演讲挥洒自如，充满自信，与两年前他与黎锦晖和解时暗自后悔自己批判太严厉的那种姿态迥然不同。自己的作品得到大多数民众的支持，这无疑给他增添了力量与信心。他在会场上侃侃而谈，在座听众深受感染，当天的主持人杜宣表示："他以两个多钟头的时间来检讨中国乐坛以后，我们立刻觉到他不但是一个进步的音乐家，还是一个大演说家，一个社会运动者。"[2]

与左翼的联系

作为一名共产党员，聂耳在东京是否有党派活动？崎松认为，否定"聂耳被杀论"的根据就是他在东京并无任何左翼活动，没有理由被日本政府盯上。[3] 曾担任中日友好协会副会长等职务的诗人林林同样是留学日本的左联成员，他表示："聂耳为了学日语总和日本朋友接触，没有加入中国人的圈子。"[4]

1　伊文《记聂君》，天虚、黄风编辑《聂耳纪念集》，东京聂耳纪念会1935年，第21—24页。
2　杜宣《永别了聂耳》，《聂耳纪念集》，第19—20页，收录于增订版《聂耳全集》下卷，第284页。
3　崎松《聂耳在藤泽遇难的死因探析》，《聂耳与日本》第248—249页。
4　林林《ワセダの森でハイネに酔う》，《わが青春の日本——中国知識人の日本回想》，東方書店1982年，第146—147页。

但是聂耳到了东京后首先去见的是黄新波，他比聂耳略早些到达日本，是聂耳在上海时期参加共青团活动认识的朋友。黄新波是木版画家，聂耳去世后出版的追悼文集《聂耳纪念集》的封面、新旧两版《聂耳全集》扉页上的聂耳头像是他创作的。黄新波的女儿黄元说，聂耳一到东京就拜访了她的父亲，接着拜访左联领导林焕平。[1] 前面提到的介绍聂耳结识李相南的"老陶"陶也先，是聂耳在北京时的亲密左联战友，是共同建立左翼作家联盟北京支部的盟友。[2] 这些人物都是聂耳的好朋友，同时又有左翼艺术运动相关的背景，所以聂耳与他们见面实际上也是完成党的工作，崎松说没有进行左翼活动并不准确。

另一方面，聂耳首先接触的日本左翼相关人士是"新协剧团"的创立者秋田雨雀，他与田汉、夏衍、欧阳予倩等中国左翼剧作家关系密切。1954年10月，鹄沼海岸边的聂耳纪念广场树立起一块聂耳纪念碑，秋田雨雀为这块纪念碑写下了悼词：

纪念聂耳

此为中华人民共和国作曲家聂耳逝世之地。1935年7月17日夏季聂耳在此避暑，游泳时突然隐没于波浪，成为不归之客。聂耳1912年生于中国云南，师从欧阳予倩。在二十多年短暂生命中，他留下了《大路歌》、《码头工人》等赞颂中国劳动人民的歌曲。现在成为中华人民共和国国歌的《义勇军进行曲》由聂耳作曲。如果我们侧

---

1 黄元《聂耳与黄新波》，《南方日报》2008年12月4日。这份资料由天津作家谷应提供给作者本人。
2 张鹤《搜索着我们过去的历史》，增订版《聂耳全集》下卷，第179页。

耳倾听,如今也能听到聂耳解放亚洲的歌声。此处为聂耳终焉之地。[1]

一般人看了碑文,自然以为秋田雨雀与聂耳是非常熟络的。[2]但是翻遍聂耳的日记、书简,却找不到任何记述秋田雨雀的痕迹。据笔者所知,聂耳的留学同学和东京熟识的友人中,也没有人曾经提到聂耳和秋田之间的接触。聂耳去世后,秋田雨雀曾经几度提到这位年轻人,这让人产生误解,以为两人曾经结识,但实际两人并没有见过面。[3]之所以请秋田来写碑文,是因为他是日本左翼戏剧的代表性人物,除了他,日本人中再也没有其他合适人选了。与中国革命有共鸣的秋田并没有说"我不认识他,所以不能写",他向这位天才的国歌作曲者表达了最大限度的敬意。这大概是产生误解的原因吧。

身体是革命的本钱

以下是友人杨式谷回忆中聂耳的东京生活:

---

[1] 悼词由天台宗僧侣书法家丰道春海书写,书写手迹的铜版就设置于纪念碑侧面。但是三年后的1957年8月,铜版居然被盗;翌年1958年的台风损毁纪念碑,1965年再建纪念碑与铜版。1986年聂耳纪念广场重新再建时,铜版被置于一隅,不留心很难注意到。另外秋田的碑文里有对聂耳的错误认识:"巴黎留学之归途,在此地避暑……"1965年再建时对此作了修改,然而秋田已于三年前去世,当时的藤泽市长叶山峻(纪念碑保存会会长)找到时任日中文化交流协会会长的作家井上靖商议,最后将"巴黎留学之归途"删除并修改了日文假名。以上内容摘自叶山峻《聂耳記念碑建設から藤沢昆明友好提携へ》,聂耳逝世六十周年纪念演讲会记录,1995年7月16日。
[2] 王懿之在《聂耳传》中提到"聂耳在短短的时间里,还结识了秋田雨雀、滨田实弘等许多日本文学艺术界的进步人士",第297页。
[3] 尾崎宏次编《秋田雨雀日記》第二卷,未来社1966年,第57页;同第五卷,第314页。以及《アジア解放の声》,《文藝春秋》1955年2月号;《聂耳の思い出——死後二十周年に当たって》,《朝日新聞》1955年7月17日等。

聂耳身材不高,但身体非常健壮,特别是胸部和两臂的肌肉很发达,一鼓起劲肌肉就凸起来,这是他经常做体育锻炼的效果。他每天起床后要做体操,随身常带着一副扩胸器,他能够把五条拉链拉直,在胸部连续拉多次。他说在国内时每天早上体操后就用冷水擦洗皮肤,即使在冬天最冷的时候也不例外。到日本后,他对日本的澡堂很感兴趣……聂耳每天早上体操后,就到附近的澡堂,先在池子里泡到皮肤发红后,出来用冷水从头到脚一冲,这样一热一冷的刺激,可以促进血液循环,增加皮肤抵抗力,但也只有像他那样锻炼有素的人才受得了。我们一般的人在池子里不敢多泡,出来后也多半用热水冲洗。聂耳常说,身体是革命的本钱,应该好好锻炼,才经得起艰苦。他也以他的身体结实而自豪,他说过:"像我这样的身体,就是拿大棒棒也把我打不死。"我们也非常佩服他锻炼身体的那种坚强精神。

聂耳在日本,依然保持他的一贯的俭朴的生活作风。他住的那家"下宿"一个月要收九元伙食费,聂耳就不在"下宿"搭伙,每天到"御料理"(一种廉价小饭馆)去吃一角一餐的日本饭[1],这种日本饭是很简单的,只有一大碗饭,一碟小菜,一小碗豆酱作的汤。聂耳第一次去吃,把饭吃完觉得有点不够饱,向堂倌再要了一碗饭,旁边吃饭的日本人都望着他微笑,原来日本人吃饭不论在家里或是在饭馆里每餐都是吃一大碗或一大盘,养成定量的习惯。聂耳后来也吃惯了,他说像日本人这样定时定量吃饭,对身体确实有好处。开始吃时一碗饭觉得有点不够,吃惯了就不想多吃,吃了一碗也就够了。那时我们在日本的中国学生,如果不在"下宿"搭伙,多半到中国人开的"支那料理"或者到日本人开的"西洋料理"去吃,像聂耳这样去吃日本饭

---

[1] 一角钱食堂一天吃三餐的话,一个月也是九元,就与宿舍餐费相同了。根据中国人的习惯,一般早餐从简,午餐或晚餐吃饱吃好,所以聂耳大概是午餐或晚餐去一角钱食堂吃饭的。

的确实是很少的。

聂耳的衣着也很朴素，平常只穿一件布衬衫，一条布裤子，和日本朋友见面时才穿上他唯一的一套旧西装，是黑哔叽呢子做的，可是已经穿了好多年了，从来不见他戴帽子。他在上海的后两年，收入逐渐多了，在上海那样享乐腐化的环境里，特别是电影界，有许多比较进步的演员都沾染上资产阶级的恶劣习气，讲究时髦，而聂耳却始终保持艰苦朴素的作风，这确实是值得我们学习的。[1]

杨式谷的回忆生动而有价值，他所描述的聂耳栩栩如生，一个执着坚守"身体是革命的本钱"信念，以俭朴的生活方式将"革命"实践于日常生活的年轻人。对照聂耳的照片，我们发现正如杨式谷所说的那样，聂耳个头虽小，却体格健硕，他的面容未必英俊，却散发着明朗诚实和坚强意志的光芒。[2]

聂耳在家信中汇报东京忙碌的生活，同时也挂念着故乡亲人。

亲爱的妈妈、哥哥、姐姐：

在上海发过两封航空信，到日本后算起来已写过三封家信[3]，后一封是在云南动乱的时候。为什么直到现在，不给我半个字的回音呢？虽然我很知道这次动乱的详情——因为日本报纸的消息比较快而且真实，而且知道昆明很平安，但心里总在挂念着家里，请您们快给我几

---

1 杨式谷《回忆聂耳生平》，收录于中国人民政治协商会议云南省委员会文史资料研究委员会编《云南文史资料选辑》第14辑，1981年第1版，第251—252页。
2 过去曾有一种过度美化聂耳外表的倾向。有人描述聂耳是"白净皮肤"的白面书生，也有人批评这种臆想："聂耳生得黑黝黝"的，"杜撰和夸饰造成历史事实的混乱和引起误解"。现在公认的说法是认为聂耳生于云贵高原，有着受太阳光照日晒的健康肤色。见陈聆群《杜撰和夸饰是介绍音乐家逸事之大忌》，收录于增订版《聂耳全集》下卷，第360页。
3 新旧版《聂耳全集》都没有收录这三封家信。是因为邮递途中丢失还是家人遗失，具体不得而知。

个字吧！求求您们！！！

在日本的生活，前几封信上报告的很详，现在倒没有十分大的变更。新近搬了家，在学校附近，一间小小的楼房，每月八元半的租金，房东（日本人）也很不错，常有练习日本话的机会。除每日四小时的上课外，有许多事要做：什么考察啊，日本音乐的研究啊，赴音乐会啊，忙个不休。每日的时间仍觉不够，不过比在上海却好多了！夜工这回事倒未曾做过。

此地生活程度，简直是低得不成话，再算一算中国钱（一块国币可换日币一元四角），简直可以和中国内地的生活程度相比。尤其是一切日用品和书籍，更是便宜得惊人！[1]

昨日是"东京艺术座谈会"（全是中国留学生）请我去讲演。我的讲演题是"最近中国音乐界的总检讨"。讲演时间约二小时余，结果受到极热烈的欢迎。以后要我组织音乐研究会这类的东西，他们认为使这艺术座谈会增色不少，我已经答应了。上课时间到了，下次再禀！

祝您们

万福均安！

守信上
6月4日于东京

通讯处：日本东京神田区神保町二丁目十二番地二梶原方收可也。[2]

家信开头提到"云南动乱"，指的是1935年5月初中国工农红军在长

---

[1] 当时日本货币以金本位制度，中国是银本位制度，1934—1935年时期金价暴跌，银价上升。
[2] 增订版《聂耳全集》中卷，第175页。

征途中曾逼近昆明。1935年年初，蒋介石命令云南省政府主席龙云追击从贵州向云南进发的红军，但是龙云觉察到蒋介石企图以红军长征为借口，加强对云南的控制，如果依令执行，他的部队将遭受损失，所以他模棱两可地敷衍一番，因此红军通过了云南，实际并未产生军事冲突。聂耳在远方担忧情势，久不见家信，更加忧心忡忡，他每日读日本报纸查看新闻。1935年5月8日《东京朝日新闻》上大标题写着"以讨伐共匪为诱饵　统一云南工作　蒋氏近日赴昆明"，看来日本新闻报道的观点与龙云所见一致。

以上所列内容，是聂耳寄给远方家人的最后一封家信。

第二节　湘南度假

夏季小旅行

1935年7月，聂耳跟随新协剧团同赴京都、大阪，这个剧团成立于1934年，是由秋田雨雀、村山知义等人创立的左翼剧团，他们以筑地小剧场为据点，超越此前各种戏剧运动的条条框框，展开一番崭新的戏剧活动。

在此之前，聂耳受到李相南邀请，计划到李相南友人滨田实弘的家里度假。同行者还有一位叫作大坪重贵，他在有乐町邦乐座从事电气及照明工作。滨田当时患上了轻度结核病，为了疗养，他租借了位于神奈川县藤泽町相生町1043号（现在藤泽市藤泽1043号）的一所房屋，与姐姐秀子一起居住在那里。这个地点现在从藤泽站北口出来向西徒步5分钟就到了，2015年6月此地正在修建公寓，从这里走到鹄沼海岸直线距离约为2.5公里。聂耳与东京结识的好友相约海滨休假，是希望在海边留下美好的暑假回忆吧。

以江之岛、镰仓为中心的湘南地区，古往今来都是风光明媚的度假胜地，鹄沼海岸保留着拖网捕鱼的渔场，渔村荡漾着悠闲气氛，令人神往。1886年（明治十九年），住在片濑町的中医医生三留荣三提倡在海滨建设海水浴场，当地风貌为之一新。翌年东海道铁路线（横滨与国府津之间）开通后，这里成为夏季疗养度假、冬季避寒之地，游客逐渐增多。

对生长于内陆云南的聂耳来说，与海水亲密接触自然有无比的乐趣。受到朋友邀请，到如此著名的名胜景点去度假，他没有拒绝的理由。7月9日早晨，聂耳带着对湘南的期待，离开了神田的寄宿宿舍。他在日记中说：

> 闹钟上在四点半，结果就醒了，五时出发，ノブコ[1]还没起，我在"玄关"（大门），听见"聂样"叫了一声。
>
> 乘电车到大门，"芝富士馆"门口前静候，才五时半。少年（二十一岁）警察[2]来找我闲谈，他还问到中日问题的意见，我说我们研究艺术的人是国际主义者，不管那些国家与国家间的政治纠纷。
>
> 七时上汽车，李样与大坪样和汽车夫颇谈得来，汽车夫的学问颇渊博，什么问题都可以谈一下，兼有绅士风。
>
> 经横滨时见一吃茶店员，穿着肉感的内衣在门口和一小孩打闹着，想到人家说"上横滨"、"到热海"这类笑话。
>
> 八时半到藤泽，我们半天才找到李样的朋友家。滨田样原来也是干照明的，在"飞行馆"[3]的照明部任职，看这人颇老实，有点夫子气。

1　《聂耳全集》的注释写作"信子"，不清楚具体是谁。
2　战前的日本，将未满20岁的警察职员叫作少年警官。但实际这位警官是21岁的话，严格来说并不能称之为少年警官。
3　飞行馆是旧芝区田村町（现在的港区西新桥）的剧场。滨田的叔父松崎国雄（后文出现的两个小孩阿丰与阿厚的父亲）在剧场担任灯光主任，所以滨田也在此处就职。

早饭后到江之岛,只要五分公共汽车费就到。二分门票过长桥便是岛,岛上风凉的原因是大树多。除卖土产及食堂外,似乎没有什么东西。到后面,绕到岛肚子里,简直比什么地方都有味,海浪滔滔,《渔光曲》拍外景时的回味,岩洞的深,较无锡、圆通山[1]不知好几百倍。又坐公共汽车至对山海岸,沿海边走了不少路。李样下海,一会工夫便上岸喊肚子痛,这便是不听我们劝告的缘故,哪儿会有刚吃饱饭便洗海水浴的道理?再沿海边走,过了好几处有浴场的地方,可是人并不多,可以点缀一下风景的及格者还没有,也许还不是时候吧。

太疲倦了,在电车里大打瞌睡,到家就快往烧汤入浴,哈哈,运气真好,简直是……因为三人一起去的,不便多看,同时想到"那个",还是不看为妙,出来时就简直没有了。

一个十五岁的朋友[2],却比我高,英语发音也还不错。第一次吃日本名食"生鱼",也算没出毛病,好像比老金做的生牛肉[3]好吃,横田的姐姐说明天可以弄好些。

拉了violin给他们听,讲解了中文对联,他们渐渐对我熟起来了。十时到小朋友家拿被褥,被招待去弹风琴,简直糟到没有说处,自己非常着急,想到丢了几个月的钢琴练习,将来如何补偿?直到睡觉时仍是感到不安。[4]

日记从整体叙述来看,犹如一篇欢乐的游记,但有两点值得留意。首先开头听到玄关有人叫"聂样",这是怎么回事呢?到底是谁在喊他,聂耳并没有言明,也许是他的幻觉吗,实际并没有人招呼他,从日记文字上

---

1 昆明城北的风景游览地。——《聂耳全集》编者注
2 指的是滨田的外甥松崎丰。
3 老金即金焰,生牛肉为朝鲜风味菜。——《聂耳全集》编者注
4 增订版《聂耳全集》中卷,第577—578页。

无法解释。也许这种奇妙的气氛，让人觉得似乎是命运之声在提醒聂耳即将到来的不归之旅，让人有点不寒而栗。其次，聂耳出门时遇到一位少年警官，还被问到了"中日问题"，由此可以推断日本政府耳目一直监视着聂耳。

最后的日子

聂耳在藤泽住了下来，以下介绍聂耳去世前的日记，他生命最后几天的生活浮现于眼前。

7月10日

六时便醒，昨晚睡得太舒服。

横姐往东京做事去了，他们还睡得很熟，补抄昨日日记。相当感到讨厌，从他们起床到吃早饭，我没有说上三句话。

……滨田样又要听听我拉violin，他不但记得许多提琴曲的名字，就是每曲的作者也顶清楚地背得出，看起来倒是颇像一个懂音乐的人。他的留声机唱片中有交响乐曲、提琴独奏、独唱等，由此可见日本人一般的音乐程度。

有一张《Souvenir de Moscow》是Elman的独奏，开始的几小节和弦奏完便接Andante。

午饭后甚疲倦，天气也热得可以，我和李样整装预备出发海滨浴场。我那黄短裤、大帽子的夏装，差不多年年如此。要是到房州海滨去给吴琼英们看见，不免又说"洋里洋气"。

乘公共汽车（六分）到鹄沼海滨。这儿的海岸似乎比江之岛多些，人也不少，花布伞、花布棚的点缀，海岸显得更美了。江之岛孤立海中比从镰仓看到的江之岛秀丽得多。

肚子里好像还十分饱满，我提议多休息一会再下水，李样受了昨天的教训，今天也不那末性急了。

我在一个比较人少的地方，坐下换上游泳衣，第一次尝到日本的海水。

跳了几个浪便往人多的地方去散步，兜了一个大圈，没有一个人不经过我的检阅，并无什么收获。

郊外散步，和李样大谈恋爱观。他过去曾恋过三个日本女子，但是现在已经完了。他主张不结婚，也想到欧美去游历。

……

李样向横姐们报告今天的经过，说到我是一个十分有趣味的人，说我穿着一件女游泳衣到处参观，结果是别人来参观我。我当时否认，我的游泳衣绝不是女的，我已经穿了三个夏天了，在上海并没有谁笑过我。虽然我不断地辩护着，他们总是大笑不已，那比我高的小朋友笑得最起劲。最后我说："我才不相信，瞧着看吧！明天我穿到海滨去，并且要喊着'御覧なさい！'（请看！）"大家又笑了。其实我老早已经怀疑过这件游泳衣，但从来没有人笑过我，因此也就放心了。再想一想它的来历，当然也是可能的。[1] 在上海似乎着实不大注意，在这儿可两样了。明天决定另外买一件新的。

送大坪先生到车站，散步到艺妓（伎）住所附近。什么花样也看不见，还是和普通的人家一样，门口好像是多一盏灯。

今晚天气突然冷起来，回家快十一点了，床铺蚊帐已全部弄好。

---

1 当时男女泳装都有两件套或全身一件式的，但应该男女有别，聂耳提到"再想一想它的来历"，具体不知道他的泳装有什么来历，有可能他误穿了女装泳衣。

啊！到底是日本的妇女。[1]

把聂耳视为圣人的人如果看到以上内容大概会很尴尬吧。日记原文记述了聂耳踏入海水，认真地观察周围的人群"并无什么收获"之后，还有350字的内容被新旧两版《聂耳全集》所删除。这段被删除文字描写的是聂耳看到附近遮阳伞下，有看不清是男还是女的人正在换衣服。之所以被删除，大概因为偷窥他人更换衣服的行为不符合"革命音乐家"的身份吧。但是聂耳死后，他的朋友们编辑的《聂耳纪念集》却以"留东之部"为题全文收录了在东京的日记，并没有加以删改。[2] 实际上聂耳的偷窥，不过是一个留学生对日本文化及习俗较为好奇的一种观察。有些人一直不懈追求建立符合完美道德观的崭新英雄人物形象，这是可以理解的，他们必须把聂耳塑造成一个圣人君子，但是删除日记内容这样的事情未免画蛇添足。聂耳日记最后还有一句"啊！到底是日本的妇女"，这是看到横田女士早早安排好床铺的感慨。日本传统上性别职业有明显的划分意识，革命前中国城市精英并没有这种意识，所以聂耳看到日本女性勤于家务劳动觉得很新鲜。

7月11日

鸟叫声、邻居小孩们的嬉笑声、钟摇声，他们两人熟睡的鼾声……多么寂静的乡村哟！我从来也没有想到我会到这样美的地方来安闲地住着，更没有想到会和日本人弄得这样亲切，居然住人家，吃人家。

---

[1] 增订版《聂耳全集》中卷，第578—579页。
[2] 挚友张鹤在编撰追悼文集时表示，聂耳是有文学素养的人，为了完整地汲取故人之意，将一字不改地忠实再现聂耳的文字。(《聂耳译著之———日记，留东之部》，《聂耳纪念集》第1页)

天气不大好，有点寒意，也没有到海滨的兴趣。在家翻地图，决定到有名的温泉（别府）一游。在这几天内，也许会到箱根、热海去一回。到了这里还不去这两处名所，真是太不值得了。现在只等新协剧团的回信，然后再定。

　　大概他们都有晚吃饭的习惯吧，今天又是到一点多钟才吃午饭。是横田样弄的咖喱饭，我太客气了，肚子还有一半没饱。

　　散步到东海，经过了一个学校，健美的女性（？）——不过比都市女子肉色黑些，在打着篮球。她们都十分注意我的大帽子。

　　一个大神社[1]，颇像公园，里面有一株大树，和黑龙潭的松柏差不多，幽静处也有黑龙潭的意味。

　　到小朋友家，他正在用功，预备学期考试，我们不愿进去打扰他，但是那位女主人（不知是他娘还是他的什么人？）无论如何要招待一下。只在门口坐坐，糖果、果子露也弄出来。一会地震起来，小朋友奔来奔去，我倒一点也不在乎，很快也就停止了。

　　洗热汤，没有什么。

　　晚饭后正在研究英日会话对照的时候，外面有带头马的一样的铃声[2]响起来，第一次知道"号外"的到来。

　　"静冈地方的大地震！市内起火灾！房屋倒坏多数！"原来就是刚才的事（午后五时二十五分），我们所感到的不过是微震而已。

　　横田姐弟们渐渐对我感到趣味了，无论如何要我唱歌、跳舞，后来居然作起跳舞教授来，大教其 Waltz。横田和李样却也是想诚心学一学，"一，二，三！一，二，三！"陈梦庚[3]的教授法原本搬出来，

1　鹄沼的皇大神宫。
2　云南驮运货物的"马帮"，领头马的脖子上均系有铜铃铛。——《聂耳全集》编者注
3　陈梦庚是百代唱片公司的森森国乐队成员，担任舞蹈教师之职。

留声机也开起来了。

晚上颇冷,十时睡觉。[1]

聂耳根据新协剧团的演出日程,盘算着去箱根和热海,然后去大分县的别府温泉。但这一天,静冈发生大地震(大谷地震),余震影响至湘南地区。这次地震震源在静冈市附近,震级为里氏6.4级,9人死亡,360户房屋全部毁坏,各地都出现了山体崩塌灾害。横滨记录的震级为4级,藤泽附近应该震动很大。日记里没有记录地震,也许聂耳已经习惯了日本多地震的生活。在他生活的时代,东亚曾经每隔几年发生大规模地震(例如1923年关东大地震,也可能是跨度较长的连带性地震)。聂耳的故乡云南,1917年7月30日聂耳5岁时曾经有过里氏7.4级地震;1925年3月16日聂耳13岁时,发生过里氏7级地震,因此他曾经多次见识过地震。

7月12日

天气似乎比昨天还要冷。饭后便看看书,和李样读《Little woman》的英日对照本。因为天气不好的缘故,什么地方也不想去……

横田样,李样,松样,我们四个人到海滨散步(鹄沼,公共汽车六分)。因为天气不好的缘故,不预备下水,看看打鱼的,在沙地上走走,谁都是无精打采的样子。在藤泽下了公共汽车已飞着小雨,到家后在席子上一卧,感觉到今天太无味了。

正扫地时,进来一位戴眼镜、穿洋服的少女,手里提着包袱,好像是从东京来的样子。在没有人介绍以前我是好像没有看见她一样,后来自己要求李样给介绍,原来她是横姐同事,是从东京来的。

---

1 增订版《聂耳全集》中卷,第579—580页。

……

过一会,她已换上一身粉蓝大花的和服出来,背上背的大印也是相当考究而且漂亮的,这时看起她来,似乎比刚才美得多了。眼睛虽然小小的,但有着她特别的美,日本妇女的美。她常常露着笑容,眼睛只是两条小线,谈话的腔调,大有映画对白的意味,那种温柔处,可说是代表了日本的女性。

晚上电灯线坏了,三个人(李样,她,我)围着一支小洋烛谈话,别有一种风味。她和李样也好像有过些"往事",他们常有含意深沉的谈话。

修电灯者来,我们三人出去散步。已经九点多钟了,他们还有兴致想到江之岛去,我当然同意。买了三张票(每张十分),走过来时伊居然从袋里掏出十分钱来还我,我拒绝了,她说了一声"すみません"[1],啊!这是日本人的特征!

从岩本楼别馆的大石桥走过,看见桥下有许多boat,大家不约而同地叫起来"ボート[2]、ボート!"不等我们到码头,那租船者便把桨送到船上,拉着船边恭候着我们,李样漕船,我坐船尾,她坐当中。

从江之岛那边去,长桥上的游人已经是稀少了,江之岛神社的鼓声隐隐地可以听见。我们的船快到海边时,便不敢进去,回过来往小河里去。

人是那末静,水是那末平,要是摇桨停止了,只有虫叫声和自己的呼吸声,简直寂静得可怕。两边的密林阴森森的,前面泊着几只小船,……(他们叫着到海边去,简直写不下去了!)

---

[1] 日语"对不起"。
[2] 日语"小船"。

  从海边走到鹄沼海滨浴场,路上没有遇着一个人。民谣,蛇叫,啊!想不到竟是到藤泽来最有意思的一天。在鹄沼等电车时已十一点半钟了。[1]

  地震的第二天,可能因为天气不佳,聂耳似乎对度假生活开始露出了一点厌倦,但没想到冒险夜游海滩,反而让这一天成为"最有意思的一天"。他对横田女士的同事发生了兴趣,观察她身穿和服的身姿及留意她说话口吻,感叹"日本妇女的美"。

7月13日

  昨天太疲倦的缘故,睡到八点才起来,まるやま樣[2]刚起来的样儿,要是给我们的张鹤博士看见,一定会大增分数。她穿着睡衣,拖着草鞋,在院子里玩弄着树叶,她那没有戴上眼镜的眼睛,似乎比较大了些一样。当她笑起来的时候,两排白牙露了出来,两只眼睛又是成为两条细线。

  早饭后,大家都很高兴地收拾着东西预备到海滨浴场去。只有李样却闷闷不乐地打着不去的主意,因为他的"梦三妹、幻しい三妹"[3],今天下午两点钟要由东京到此。

  我们对他过度的开玩笑,他实在没有法子拒绝,只得要求我们容许他在两点钟的时候回来。

  李样、まるやま樣、丰样、他的小弟弟、横姐一行六人到海滨时,人已经多极了,因为是星期天,而且又是好天气的缘故,简直是

---

1 增订版《聂耳全集》中卷,第580—581页。
2 人名"丸山君"。
3 日语"梦想、思念的三妹"。

热闹得可以称为"鹄沼银座"了。

到处都是十五六岁的小女孩,尔要是和她们笑笑的话,她们无有不同样给尔笑一笑的,尤其在跳浪¹的时候,好像特别要尔注意她的动作似的。有时侥幸跳过一个大浪,她马上回头来看一看尔,给与一个骄傲的微笑,有时连跳一个小浪都会跌了一跤时,她蒙着脸含羞地大笑起来了。

两点钟时大家都上岸了(まるやま樣没下水),李样第一个先换好衣服,本来在先讲明一块回去的,但等我们换好时,他已逃走了。

小孩和丰样溜冰(陆上)去了,我和两位女士上了公共汽车。一会儿小孩哭哭喊喊地在车外叫起来了,知道他并没有和丰样在一块,找我们半天没找到。

车开了,まるやま樣问说:"聂样!昨晚!这里是么?"原来是到了昨晚我们摸黑路听见蛇叫的地方。我说:"对了,我们从这里过去就找到电车站了。"

回家一看玄关里并没有客人的鞋子,李样在里面叫着:"客人没有来哟!"我们都替他惋惜。

四点半才吃中饭,客人仍是没来。李样坐卧不安,一会儿出去了,一会儿又回来了;一会儿把刚洗来的衣服穿上了,一会儿又脱下了。看着真有趣,结果半天不见他回来(两位女士们也和友人早出去了)。

拉琴的时间相当长,横田样约到外面散步,又走了一些好地方,这时正是日落时候,满天布着美丽的云霞,像这样的乡村生活是很久没过了。

所有的人回家了,提琴、留声机、英日会话、笑话,跳舞突然

---

1 在日本战败后由驻日美军带来冲浪板之前,日本人也热衷于在海里跳浪。

热闹起来。在十分钟内和李样学会了一个朝鲜民谣，他们都称赞着"旨い！旨い！"[1]，其实这是再简单没有的工作了。当まるやま様放着 Gossec 的《serenade》[2]的时候，大家都肃静了，使我忆起过去对 violin 最努力的时候，也是 romantic 生活最充实的时候。

晚饭后，已经九点钟了。虽然是十四的月亮，实在已经够美了。李、横姐、まるやま様，我们四个人照样到昨晚的旧地。和昨晚所不同的是有月亮，有风浪，多一个人，船大一点。

航程较昨晚远多了，小河的曲折处也比昨晚来得多而且有诗意。何况有那末明的月亮，每个人的面庞都可清晰地看出。

江之岛桥上的红绿灯增多了，原来今夜是神祭的本祭[3]。

到车站已十一点，等二十七分开的车，我已打盹了。车来，まるやま打我打得相当重。可是到了电车上还没醒透，要不是她和我谈那末许多话，我真有本事在电车上大睡其觉。

真惬意！回家时床已铺好了，钻进帐子便睡。[4]

听到久违的戈塞克《小夜曲》，聂耳心中也许浮现出当年学小提琴的艰辛之路以及朦胧中与袁春晖初恋的甘苦滋味吧。

聂耳近距离错过了当地夏季最热闹的"江之岛天王祭"。这其实是江岛神社境内的八坂神社与镰仓腰越的小动神社的联合祭礼活动，如今已经入选"神奈川50个祭礼"。祭礼当天，首先八坂神社的神舆从江之岛出发渡海，到达腰越海岸的小动神社，这叫作"神舆海上御渡"。然后两个神

---

1 日语"好！好！"。
2 活跃于法国的比利时作曲家戈塞克（1734—1829）的《小夜曲》，这首曲子出自歌颂法国革命的歌剧《共和制的胜利》，是一首二拍子乐曲，引起聂耳回忆的应该是里面小提琴的演奏部分吧。
3 正式祭神的日期。
4 增订版《聂耳全集》中卷，第581—582页。

社的神舆被民众一路担抬，一路吆喝着前往片濑的龙口寺。留在聂耳记忆中的片刻是祭礼活动的尾声，神舆已通过大桥，仅仅是结束时的余韵。聂耳没有看到祭礼中当地老百姓齐心合力喊号子，踩着舞蹈步伐靠人力搬运沉重的神舆这一精彩雄壮的场面，作为湘南地区的居民，我感到很遗憾。

7月14日

虽然是一个乡下的中学生，甚至于普通妇女，他们都能谈出几个音乐家的名字和他的作品。老实说，他们能分别某个 serenade 是某人作的，某个歌谣是某国的民谣，而我有时候却没有他们清楚。他们音乐水准会比我们中国高，这也是当然的结果，只看他们每天新闻纸上的音乐消息啊，播音节目啊，触目便是音乐家的名字和作品的番号。要是有无线电和留声机的更是容易记住了，何况无线电和留声机是比中国普及，而一般人对唱片的选择水准也不是那末低，根本他们日常所听到的已不是低级的东西了（这是针对中国来说的，譬如在上海日常所听到的播音节目是些什么？）。

我看着横田的日常生活倒很有趣，早上很晚起来，饭后便睡，海水浴也不去，只是散散步，看看书。……他们所谓养病，我觉得这样恐怕会把病养出来，夏天不洗海水浴而睡觉，不论什么病都不见得适宜吧！

天气很好，十二点多钟才预备到海滨。

约了丰样、横田也一块去，但并不下水。

天气热极了，海边的人比昨天礼拜还多。有一个小学校来旅行，男女学生约百余人，由教师一组一组地带到海里去，好像一群小水鸭一样的，口笛一响，叽哩哇喇地又挤上岸来。啊！那群母鸭，顶大的不会过十六岁的样子。

今天的跳浪运动比较进步了，下水三次，日光浴三次，皮肤晒得通红。

上午十点钟吃了两小碗早饭，到家已五点钟。横田各自睡着看书，毫无预备吃饭的动静。这次算是真感到肚子饿得痛苦了，早上不要吃的生桃子也拿来吃了，可惜只有一个。李样看出我的饿态，他问我："尔要是肚子饿的话，可不必客气，出去吃点吧！我们是大丈夫！"现在我才知道全是些吃饭不依照时间的胃病鬼。我假客气之后，急忙整装出发。在车站附近吃了一个カレーライス[1]好像没有多少效用，又到一家再吃一个シルワとパン（牛乳和面包）。

慢慢在街上溜溜，买了一册便宜的《现代语辞典》。路上遇横姐，救了我的迷途，浴汤也可以找到了。

皮肤简直痛得如针刺一样，我仍是和热汤抵抗，等出盆时，已是红得发紫。后来用毛巾摩擦，实在有些受不了。

本来预定明天动身的，为了李样要等大坪自东京的来信，只得多延一天。后天清早出发，游热海、箱根，夜车到京都。也许横田姐妹也会同游热海。

真正的日记是记出每天自己的心里的变化，加以分析和批判。再，当日国际政治情形的记载也是非常必要的。至于把每日所做的事，正面的记出来，这是再无味没有了。

意大利和阿比西尼亚[2]的冲突，到现在是最尖锐化的时候了。[3]墨索里尼驾着自己的爱机从罗马出发监视和鼓励远征的军队。而另一方面，黑人备战之忙，也足以给黑衫党一个很大的威胁。如我们在新闻

---

1 日语"咖喱饭"。
2 今译"埃塞俄比亚"。——编者注
3 指1935年10月爆发的第二次埃塞俄比亚战争之前的紧张局势。

影片所看到的《阿比西尼亚军队出征》，那些黑人，忙忙碌碌地抬着大炮，擦着枪。不要看不起这些黑人，他们倒有这勇气和所谓法西斯大国来干一下。再看一看地图，阿国的国土，差不多快要用刘别谦[1]的导演手法了——显微镜。同时在美洲的几十万黑人也在吼起来了。[2]

东京的情况不知如何，郊外旅游区的老百姓居然具备如此高素质的音乐修养，这令聂耳甚为感叹。还有一件有趣的事情，聂耳观察到横田女士在疗养（不知道患了什么病）期间完全不运动，饮食也不规律。这在注重锻炼、生活有度的聂耳看来也有些不可思议。

7月15日

下雨，在家睡觉，看书，收拾好行李，决定明天出发。

横田姐回来，她已请了两天假陪我们玩，在先我不大明了这种情形，还是坚持明天走。后来一想，在人情上实在有些过不去，于是决定多延一天。

读一本日文对照的《英文作文》，兴趣非常浓厚。这是一本非常好的文法参考书，上面所选的日译英的例题，全是各学校试验得满点[3]的答案。我重新感到读书的乐趣了。

一时高兴，想跟李样到朝鲜玩一转，十月一日以前到他的家乡，十月一日到京城，他去作新建剧场的灯光主任[4]。后来仔细考虑一下，似乎也得不到什么东西，花费了那末多的时间去空走一遭实在有些不

---

1 恩斯特·刘别谦（Ernst Lubitseh，1892—1947），德国电影导演，他的影片所呈现的独特风格，例如演员的站位、姿势、视线和情感表现等被称为"刘别谦笔触"（Lubitsch touch）。
2 增订版《聂耳全集》中卷，第583—584页。
3 考试得满分。——编者注
4 李相南的师傅远山静雄的专业是灯光设计。

值得。还是早些返到东京,实现"音乐技术修养"与"第二计划"。快快找到先生,钢琴继续练起来,和声学开始学习起来,这样便宜的生活费、学费,不加紧努力等几时?

第一"三月计划"算是在月前实现了。按照目前说日本话的程度,已是超过预料之外,自己向自己喝一杯吧!

第二"三月计划"是"培养读书能力",同时加紧"音乐技术的修养",直到离日的时候。

从明天起,是第二计划的开始。虽然是在暑假旅行中,读书的时间有的是!提琴的练习也决不会发生任何阻碍。尤其是到房州海边时,"以多练习提琴少说话为要!"温习 Kreisler and Mazas[1]。

附:

第三"三月计划",翻译试作,作曲(唱歌,乐剧)。

第四"三月计划"除继续第三外,便是俄文学习。整理作品,欧游准备[2]。

(注)一切在日音乐、电影、戏剧、活动、访友、参观等是从"第二"开始时开始。[3]

就在离开藤泽之前,聂耳热切地制订了音乐研究和语言学习的计划。到了日本后,他以三个月为时间目标,明确了工作与学习的内容,同时踏实地实践着计划。根据张鹤的说法,聂耳计划度假期间在房总半岛的馆山与其他度假的朋友会合,看来与横田姐妹同游箱根、热海的计划并没有实现。日华学会经营的东亚高等预备学校于1932年在馆山建立了"海之家"

---

1 美籍奥地利小提琴家兼作曲家克莱斯勒(Fritz Kreisler, 1875—1962)、法国小提琴家马扎斯(Jacques Fereol Mazas, 1782—1849)编写的练习曲。
2 聂耳原计划途经日本,去欧洲的意大利、法国、德国、苏联学习、考察。
3 增订版《聂耳全集》中卷,第584页。

机构，为暑假不回国的留学生们提供避暑度假和学习的场地。暑期居住于"海之家"的留学生们自称为"留日学生消夏团"，他们的出现可算当地夏季来临的标志。[1]

以下介绍的是聂耳去世前一天的日记：

7月16日

今日为第一"三月计划"期满之日。将过去三月工作作一检讨，大概得下面的结论：

1. 日语会话和看书能力的确是进步了。

2. 音乐方面，因听和看的机会多便忽略了自己技术的修养。三个月来没有摸过一下钢琴，实在是莫大损失。

3. 提琴练习时间比离国前那一向多。这倒是好现象，但始终是不够，没有先生又是主要原因。

4. 没有作曲（？）的原因是"欺人欺自己"的自觉。"尔为什么到日本来？"

5. 中文程度的重新清算，有相当效果。

明天开始新计划，随时不忘的是"读书！"、"拉琴！"

十六日日本又检举共党，他们过去和中国发生联系，现在是通过美国而和国际党发生关系——今日《朝日新闻》有着很详的记载。[2]

读了最后的总结，我们可以看到聂耳自省吾身和强烈的上进心。第四条有点意味深长，一方面可以理解成聂耳明为作曲，暗为隐瞒身份；另一方面也能看到聂耳不满足于自己现有的成绩。最后自问为什么要到日本

1　見城悌治《近代の千葉と中国留学生たち》，《千葉学ブックレット》，千葉日報社2009年，第55页。
2　增订版《聂耳全集》中卷，第585页。

来，也许他觉得即便没有公司或电影作曲的需求，自己也应该积极地进行创作。

末尾提到检举共产党员的报道刊登于《朝日新闻》1935年7月16日晚报第11版，标题为"共产党再次掀起暗潮"。新闻中写道："由于前年一月发生的私刑事件受到大规模检举取缔，日本共产党基本处于湮灭状态，但近期暗中复现党组再建活动……党组织强化，今年春季，根据警视厅特高部分的消息，目前检举187名党员……"

日本共产党在1926年再建后属于非合法组织，被称为"第二次日本共产党"。所谓"私刑事件"指的是1933年末至1934年初发生的"日本共产党清查密探事件"。日共中央委员中有数人被认为是"党内潜伏的特高密探"，在调查过程中使用私刑，导致一人死亡，数人受伤，党组织全体被检举揭发（党内并不承认使用私刑）。此事件导致第二次日本共产党受到实质性破坏，一直到战后成为合法政党之前的很长一段时间内被迫暗中活动。日本特高警察将那些未遭起诉的党员活动视为眼中钉，企图彻底打击攻破党组织。[1]

另一方面，中国共产党依然处于漫漫长征中，红军第一方面军到达陕西北部的时间是这一年。聂耳在日记中并未提到看到新闻报道后的感受，估计他会联想到中国共产党同样遭到政府严酷弹压，胸中涌起震惊与愤怒吧。

这篇日记有对未来充满期待的计划和对共产党遭遇的同情，它成为聂耳的绝笔。

---

[1] 1932年工人阶层活动家岩田义道、1933年作家小林多喜二均被日本特高警察拷问致死。

消失于鹄沼海岸

命运之日来临。1935年7月17日下午，聂耳如同秋田雨雀碑文所描述的那样"突然隐没于波浪"。尽管历史不存在假设，但是我还是禁不住想：如果没有这次小旅行，如果出发没有推延……在死亡的前一天晚上，聂耳在日记上充满希望地计划着自己的未来，不禁让人产生无限唏嘘。但无论如何痛惜遗憾都没有办法，意想不到的海难让聂耳的生命永远停在了短暂的23年5个月。

"隐没于波浪"正是事实，聂耳在一起入海游泳的朋友面前突然消失，一直到翌日下午仍未见踪影。招待聂耳等人度假的滨田实弘后来根据张鹤的要求，写下了聂耳遇难前后的状况（后来这段文字被翻译成中文，收录于《聂耳纪念集》），滨田当天并不在场，他重构事情经过的依据是与聂耳在一起的姐姐及李相南的证词。

聂耳遭难时之情形

昭和十年（民国二十四年、1935年）七月十七日午后一时半左右，聂君、李君、家姐、厚（我九岁的外甥）一同到鹄沼海岸去洗海水浴。到的时候，是两点钟左右。李君独自先下海，聂君等着家姐换衣服，三人随后一同下海。

那天，风浪很大，有很多人和小学生们，也在那里游泳，因此各人都没有特别关照。

在海里，李君是单独一人，聂君则在水齐胸的地方跳浪游着。同时，家姐是在水浅的地方，招呼着厚一同游着。

约有一个多钟头，家姐和厚一同上岸来，就遇着李君，说预备在先回去，要寻聂君打个招呼，寻聂君不见，那时听遇在一起的李君也说，下海后，一回也没有见到他。于是李君到海里，家姐在岸上寻（时三时半多）。直到四点半都没有寻得，便连忙通知监视所，分头在海岸一带寻觅。我接到报告，到海岸去的时候，已是六时左右，潮已经涨上了，仍未发现其踪影。其后李君听当地人们说，要到辻堂、茅ヶ崎那一带去寻[1]，仍无下落。夜晚江之岛方面也去寻过。但是，此刻除了专待明早潮退再寻外，别无他法了。十一点钟左右，只得回家。次日早上，也仍然寻不着。回家时，可巧接到警察报告说，死体已经打捞上来，我就忙到那里去看。

聂君的死体，是普通一般溺死人的样子，不难看，也没有吃着水，仅只从口里流着少许血，头也出少许血，据检验的医生说是窒息死。

把死体捞上来的那个地方，是在游泳地西南约三十米（九丈）的海底，拱成沟条的样子。

对死体处置，因事关外国人的事，我们不敢做主去做。由警察厅方面去和贵国领事馆交涉，（领事馆）以聂君未曾登过记而绝（借）口不承认受领尸体，因此，只好等着冀君来（冀君系李君与聂君共同的朋友，时在东京），商议善后的处置。一面洗了死体，穿上洋服，装入棺里交警察收去。

此后的一切，贵下与冀君都尽知了。[2]

"游泳地西南约三十米的海底"，在地图上正是引地川河口附近。聂耳尸体遭到领事馆拒领，这真是逃亡者的悲哀。即便受到民众爱戴，在国民

---

1 直到如今，在鹄沼海岸溺死的人，常在离那场所一里内外的茅ヶ崎捞上来。——《聂耳全集》编者注
2 《聂耳遭难时之情形》，《聂耳纪念集》第6—7页，收录于增订版《聂耳全集》下卷，第294页。另外，滨田的日文原文没有保存下来。

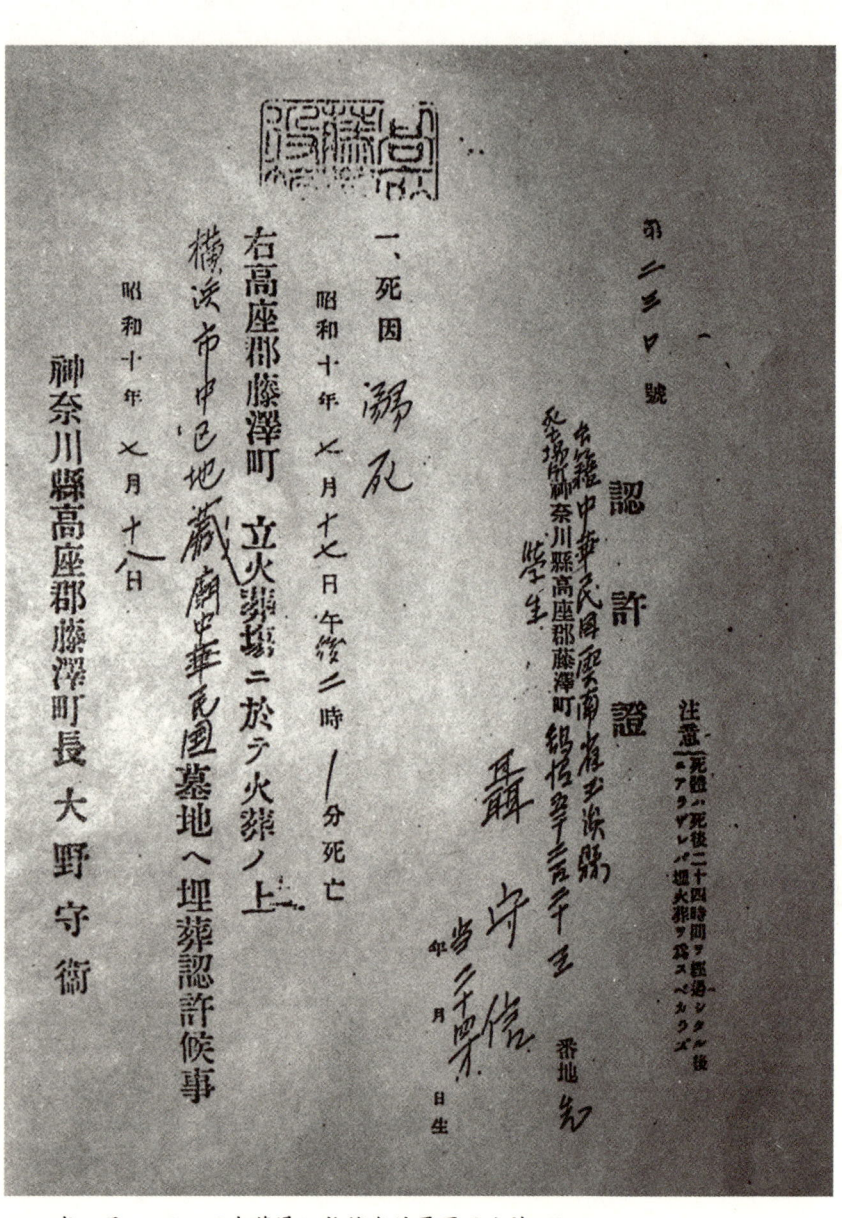

1935年7月18日，日本藤泽町长签发的聂耳死亡许可证

政府看来却是危险分子，因此遭受如此待遇，然而当时首任中国驻日本大使蒋作宾响应《聂耳纪念集》的募捐活动主动捐助了10元大钞。

翌日18日，聂耳在东京的同乡挚友张鹤赶到鹄沼海岸，尸检医生说是溺水窒息而亡，张鹤要求开棺再次确认遗体的状态，接着就将遗体火化了。藤泽町开出一张埋葬许可证，后来这张证明赠送给玉溪的聂耳纪念馆。

因为没有明确的死亡时间，所以午后二时之后用"/"记号来表示。两点钟到达海岸立即下海游泳了，之后谁也没有再看见聂耳的身影，基于同行者的证词，所以以午后二时前后作为死亡时间。

讣告传至昆明家中，兄长聂叙伦觉得母亲肯定无法接受丧子的打击，于是他召集身边的亲人朋友，要求他们对聂母严守秘密。直到过了半年多的某一天，知情的亲戚前来家中吊唁，母亲方知真相，顿时昏倒在地。

序章里提到，在日留学生们接到噩耗，于8月4日召开追悼会，聂耳之死在日本并没有引起多少关注。8月16日的上海，金城大剧院召开了盛大的追悼会，现场演奏了聂耳的作品和孙师毅作词、吕骥作曲的《聂耳挽歌》。

聂耳骨灰被允许安葬于横滨的中国人墓地，但实际并没有埋葬在那里，而是由张鹤保存。这一年秋天，张鹤与从上海赶来日本的郑子平，即郑雨笙的兄长，一同将骨灰带回上海，交给郑雨笙，由郑雨笙保存着聂耳骨灰。翌年1936年5月，聂叙伦来上海找到郑雨笙，才将弟弟骨灰带回昆明。途中又遇到殖民主义的阻挠，法国殖民地越南禁止带骨灰过境，无奈之中只好靠邮寄运送。骨灰几经辗转最终回到故乡亲人身边，1937年10月，亲人们将聂耳安葬于昆明西山美人峰（后来转移到西山龙门山麓附近），这位值得人们爱戴的青年，就这样默默长眠于他所爱故乡的青山绿水的怀抱中。环顾这山山水水，不禁让人想起聂耳中学时代的作文《我之人生观》,他说:"来到滇的西山,买点极清幽的地方,或是在外省也有极静或山水清秀的,也还有可以。约得几个同志,盖点茅屋,一天研究点学问,弄点音乐。不受外人支配,也不受政府的管辖,如此,岂不是终了我的身了吗?"

第三节　关于"谋杀说"

"谋杀说"从何而来

由聂耳日记观察，聂耳在死前数日身体疲劳。两年前的夏季（1933年），他曾经出现过脑溢血，也许他脑部旧病复发，这也是有可能的。滨田实弘目击的"从口里流着少许血，头也出少许血"这种情况，有可能是外伤，也有可能是内伤。聂耳遗体受到检视，但没有进行司法解剖，所以无法知晓真正的死因。如果海水浴中突发脑疾，失去意识，也有可能瞬间被海浪卷走。回想聂耳数年来忙碌的工作和学习，也有可能是在海中出现心脏骤停或脑溢血造成的灾难。

序章里曾经提到过，聂耳去世后，上海很快出现了"谋杀说"，不言而喻,这种论调基于中日关系的恶化。日本方面却没有流传"谋杀说"。[1]以下我将研究"谋杀说"出现的原因,以及为什么"事故说"(溺死)才是真正的定论。

根据王懿之《聂耳传》,聂耳讣告刊登后,上海的报纸《东方日报》、周刊《娱乐周报》、《电影新闻》等报道:"遗体满脸是血,检视医师认为死因是出血,很难说不是谋杀。"滨田曾经看到刚刚打捞起来的聂耳遗体,如果他的陈述"口里和头部有少许血""检视医生说是窒息死"是正确的,那么上海媒体的报道明显夸张捏造了事实。

挚友张鹤也使用了"流着血"这样的字眼,张鹤在聂耳去世大约10日后,为上海云南同乡会会报撰写悼文,文章用悲叹的词句记录着哀痛(会报于三个月后1935年10月出版):

> 耳!你还能挣扎起来?起来吧,起来,跳起来,唱起来。笑吧,然而你的脸青肿,七窍流着血……[2]

张鹤有志于写作,1933年完成自传体小说《铁轮》。他这篇悼念文字充满对挚友骤逝的哀伤,同时多少带着文学青年修辞上的夸张。同乡会会报不仅仅在组织内部发布,有可能成为"谋杀说"的源头。"脸青肿""七窍流血"这样的字眼很容易让人联想到暴力造成的惨状。亲眼看见聂耳遗

---

[1] 表明日方态度的例子有战后移居藤泽、调查聂耳事迹的马克思主义思想家福本和夫,他否定了"谋杀说"(福本和夫《聂耳的纪念碑》,载于《改造》1954年12月号,第131页);居住于藤泽的中国文学研究家岩崎富久男,他发表过论文《聂耳小传——中国国家作曲者的生涯》(载于《明治大学教養論集》通卷77号,1973年),他为了调查研究"谋杀说",曾经采访当地老人,明确日本当地并不存在支持这种说法的事实,他的论文为《一九三〇年代的抗日救亡文化——聂耳与抗日救亡歌曲運動》(载于《明治大学人文科学研究所纪要》通卷44号,1999年2月,第56页)。
[2] 张鹤《搜索着我们过去的历史——1935年于日本忆聂耳》,《云南游沪学会会刊》第3号,1935年10月,收录于增订版《聂耳全集》下卷,第180页。张鹤于6年后1941年患肺结核去世,他的这篇文章一直被埋没,直到1992年纪念聂耳诞辰80周年之际,才由中国文化部的《新文化史料》(副主编向延生)1992年第1期再次展现于世人眼前。

体的张鹤、滨田在受到打击惊吓及悲痛的情况下选择这些词语，一传十，十传百，那么上海民众一想到与抗日电影音乐相关的作曲家突然丧命，自然推论出"肯定是被日本政府谋害了"这样的结论。

郭沫若所写碑文的影响

"谋杀说"只短暂停留在上海，局限于聂耳去世后的一段时期内，并没有流传至全国。到底是事故还是谋杀？当时传言既没有表面化，也没有扩大化，更没有引起广泛争论，如果引起过争论，那么通过彻底调查友人们、警察、医生的证词，这一问题当时就应该盖棺定论。然而没有，所谓"无风不起浪"，风的种子被温存地沉淀延续了下来。本来应该消失得无影无踪的"谋杀说"，在聂耳去世20年后，突然再度浮现。昆明西山的聂耳墓，曾经多次转移、再建，在1954年2月第二次再建时，时任中国文联主席、后任全国人大常委会副委员长的郭沫若撰写了碑文。郭沫若在赞美聂耳成就之后，写道："不幸而死于敌国，为憾无极。其何以致溺之由，至今犹未能明焉。"[1]郭沫若是著名政治家兼文学家，他的文字必然对聂耳死因之观点产生不小的影响，尽管没有明言是谋杀，但字里行间都包含着此种情感，引人猜测。

中日两国邦交正常化（1972年）之后，进入20世纪80年代，聂耳诞生地昆明对郭沫若撰写的这块纪念碑感到烦恼，特别是昆明市外事侨务办公室（国际室）不知如何是好。因为1981年昆明市与藤泽市结为友好城市，藤泽市市民设立纪念广场和纪念碑，不断悼念聂耳，这块碑文的内容似乎与两国情感和气氛不符，甚至阻碍着好不容易建立起来的友好关

---

[1]《一九五四年聂耳墓碑文》，收录于增订版《聂耳全集》下卷，第19页。

系。这一年的 11 月，为了交换友好城市的协议书，聂耳的兄长聂叙伦作为昆明市政府代表团成员之一首次访问日本[1]。他访问参观鹄沼海岸的聂耳纪念广场，从藤泽市相关人士那里了解到每年聂耳逝世纪念日那天，当地老百姓都会进行祭奠活动。聂叙伦回国后，开始呼吁修改郭沫若碑文内容。[2]

但实际上，郭沫若曾经并不认可"谋杀论"，而倾向于原因不明的溺亡。1935 年 10 月郭沫若的追悼诗是这样写的：

> 雪莱昔溺死于南欧[3]，
> 聂耳今溺死于东岛；
> 同一是民众的天才，
> 让我辈在天涯同吊！
>
> 大众都爱你的新声，
> 大众正赖你去唤醒，
> 问海神你如何不淑！
> 为我辈夺去了斯人！
>
> 聂耳呀，我们的乐手，
> 你永在大众中高奏，
> 我们在战取着明天，

---

1 聂叙伦在之后的 1986 年、1995 年又两度访日。
2 聂叙伦回国后，将访问藤泽市之感想文章投稿于《云南日报》《玉溪文化》等当地报刊。(崎松《聂耳与玉溪》，第 216—219 页)
3 英国浪漫派诗人雪莱（1792—1822）在 30 岁那年乘帆船在意大利斯佩齐亚海湾的勒瑞齐遇难。

作为你音乐报酬！¹

这首诗写作于上海开始出现"谋杀说"的两三个月后，郭沫若当时住在日本千叶县市川市，从时间上考虑，他不可能没听说聂耳被谋杀的说法，然而他的诗歌里并未有"敌国"之意，而是将死归结于"海神"，从这个角度看，郭沫若是认可"事故说"的。那么为什么在20年后，他却写出含义复杂的碑文呢？这与当时的中日关系密切相关。

1945年8月，日本接受波茨坦公告，第二次世界大战以及中日之间的战争结束。中国国内国共内战全面爆发，最终中国共产党领导的人民解放军获得了胜利，1949年10月毛泽东宣布中华人民共和国成立，蒋介石的国民政府逃至台湾。1951年旧金山和会目的在于决定日本的战争责任和赔偿问题，但是主导会议的美国基于各种考虑，例如前一年的朝鲜战争、东西方冷战全面深化，美国必须确保日本作为东亚军事战略及安全保障的一道防线，因此在和会上，美国尽可能地削减日本的战争责任及赔偿。

此后，日本依照美国的指示，与台湾国民党政府，即"中华民国"缔结和平条约（"日华和平条约"²）。日本认为台湾国民党政府是代表全中国的合法政府，直到1972年中日邦交正常化，日本与中国台湾之间的不合法条约延续长达27年。1954年这个节点，在郭沫若眼中，站在倡导"反攻大陆"的中国台湾一侧的日本，很明显是"敌国"。

随着中日两国邦交正常化，郭沫若的碑文成为一个难题。想要修改吧，大人物所写文字不可轻易妄动，而郭沫若本人已经于1978年逝世。

---

1 郭沫若这首诗发表于1935年10月31日《中华日报》（上海）、《聂耳纪念集》及增订版《聂耳全集》（下卷，第7页）等收录，各地聂耳相关设施均有展示。
2 根据1971年联合国决议，联合国"中国"的代表权由中华民国转移给中华人民共和国，台湾国民党政府退出联合国，随着1972年9月中日邦交正常化，"日华和平条约"被废弃。

昆明市人民政府向中央政府寻求解决方案，1982年年初，中央政府文化部下发中共中央书记处胡乔木的回复批文。[1]同年3月，昆明市在墓碑后重新雕刻了相同的碑石，新墓碑删去了最后两句话。郭沫若的碑文作为历史烙印被保留下来，新时代产生了新碑石，解决了问题。

当年海岸在场者的证词

我们再次让聂耳遇难时的见证者登场吧。1992年9月28日，为纪念日中邦交正常化20周年，日本朝日电视台制作了一个特别节目，叫作"用歌曲改变中国的天才作曲家死之谜团"[2]。在节目中，滨田实弘与姐姐秀子、外甥松崎厚登场。滨田完全否定了"谋杀说"："当时确实有风言风语说聂耳是被密探杀害的，那根本就是捕风捉影。"松崎厚事发时9岁（1992年在电视中登场时65或66岁），他面对节目主持人团先生回忆到：

> 松崎：那天发生的事情印象极为深刻，仿如昨日一般。聂耳和我玩潜水游戏，他不太会游，对水的观念，他和我们是不同的。
>
> 团：因为他从来没有在海里游过泳吧。昆明没有海，上海也只有游泳池吧。
>
> 松崎：我们虽然是小孩子，潜下水再浮出水面时，就这样一两回（用手抹脸）就把水抹掉了。他呢，不把脸上的水全部抹干就不能睁开眼睛。
>
> （此时电视上出现画外音"聂耳也许是害怕海水，他用手用力掩

---

[1] 中国政府在研究如何修正纪念碑问题时，召集中宣部副部长胡乔木及新华社负责人共同商议。《聂耳墓志铭为何删去后两句》，人民网，2005年5月24日）
[2] 这个专题节目由团伊玖磨担任企划，他同时担任节目主持。

住眼睛、耳朵和鼻子，用奇怪姿势潜入水中"，同时电视上出现松崎画的素描——聂耳掩住口鼻入水的样子）

松崎：我记得他这样潜了没超过三次，接着就没有再浮出水面。

然后节目画外音说："聂耳心脏有慢性病，他身上到底发生了什么……埋没了57年的死因终于真相大白。"节目认为"聂耳不适应水，害怕大海，加上原来就有的心脏病，死因是出于意外的溺死"。

根据我所掌握的材料，聂耳并没有心脏病，引人疑虑的是两三年前脑部的异常。当然，即便没有自觉症状也有可能突发疾病，不能完全否定心脏出问题的可能性。但聂耳在上海经常和联华歌舞学校的朋友们一起到高桥（现在位于浦东新区）海水浴场去[1]，不知道他当时有没有游泳，但肯定不是像节目所猜测的那样完全没有接触过海水。然而根据聂叙伦和好友们的说法，聂耳游泳技术是不错的。但淡水与海水还是不一样，聂耳在鹄沼海岸想游泳，是不是因为害怕并没有游出去，而在浅滩戏水呢？

这个节目放映的7年前，松崎厚曾经参加录制另一个节目，那是藤泽市纪念聂耳逝世50周年而制作的电视片《聂耳物语》（1985年2月1日由神奈川电视台放映）。他站在鹄沼海岸现场，与藤泽交响乐团小提琴手村冈一惠交谈，他这样回忆：

今天海浪挺大的，那天的浪可没有那么大……我和聂耳，看到那边有人抱着冲浪板游过来，就在那个位置。当时水深只到我的胸部，两人在那里啪嗒啪嗒拍浪玩。他啪的一下潜入水中，马上沉下去了，咕噜咕噜的，接着狗刨一样划水，但是却游不起来……接着用手堵住鼻子和耳朵，吸了一大口气，然后蹲在海水里。他的样子太夸张了，

---

[1] 1932年7月31日的日记与照片（增订版《聂耳全集》中卷，第470页）等。

我一边看一边笑得合不拢嘴。接着他又来第二回，不知怎么他的身影突然不见了。

一个中年人回想起9岁时的事情，我们大概不能百分百全信吧。我想聂耳有可能为了让孩子开心，故意装出笨拙的样子胡闹。松崎当时是个孩子，他的视线中失去了聂耳踪影也没当一回事，他很快就走开，到姑母滨田秀子那边的浅滩去玩了。他的证词里还有一点值得留意的是，他说"海浪不大"，这与事故后滨田写下的陈述完全不同。

7月17日鹄沼海岸海浪大吗？

让我们来调查一下聂耳失踪的当天7月17日的天气及大海的状况。

根据横滨气象台记录，当天下午两点的气温为29.1度，东南风，风速每秒3.3米。[1] 这种风速属于风力二级（轻风），在陆上的话树木枝叶会不断摇摆，海水的话"出现小波浪，浪头平缓"。从常识来判断，鹄沼海岸比有气象台的横滨更接近大海，所以风会更强一些。假设海岸风速超过每秒3.4米以上的话，就相当于三级风力，"小浪波峰顶部破裂，白沫透明如玻璃，出现白色波浪"[2]。

再次整理关于当天海浪的两种证词：

1. 事件当天没有在现场的滨田实弘在聂耳失踪后，综合姐姐秀子和李相南的话表示——海浪挺大的。

---

[1] 前面介绍的朝日电视台特别节目里提到横滨气象台当天上午6点的记录为气温23.6度，东北风，风速每秒1.0米，这样的风速近似于无风状态（为了确认无误，我调查了横滨气象台的记录，数据没有错）。但是聂耳和朋友们到达海滨是下午两点，节目为什么没有出示这个时间段的气象数据呢？
[2] 根据蒲福风力等级表，从日本气象厅主页下载。

2. 当时9岁的松崎厚在事件50年后表示——海浪不大。

鹄沼海岸的海水如果真的如横滨气象台所记录的那样是"轻风"或"软风"的话，那么无论是"海浪挺大的"还是"海浪不大"的体会本来就因人而异，再加上第二手消息及时间的流逝，描述存在差异也是不奇怪的。

但是，海浪的力量在不同地点会有很大不同，以横滨观测值去推测鹄沼海岸的波浪状态只能是一种参考，有很多情况是无法推测的，那里海岸线虽然长且浅，找到聂耳遗体的引地川河口附近却是河流与海水离岸流汇合之处，水流相当复杂，导致现在已经禁止游泳了。

藤泽当地大多数人都认为"当天那个时候浪打得很高"，藤泽市长叶山峻长年致力于聂耳相关事迹的传播及保存，他表示："那天浪挺大的，他到海岸游泳，竟成了不归之客。"[1] 或者说"被大浪卷走了"[2]。长年担任藤泽市议会议员的关根久男曾经做过三期聂耳纪念碑保存会的会长，他说："……他被突如其来的巨浪打中，毫无踪影。翌日18日清晨5点半左右，海水浴场监察员森井龟之助来到海边，发现了被海浪推送至海滩上的聂耳氏。"[3]

关于海浪的情况，关根的描述是所有人中最为强烈的。他的文章与之前介绍的资料有两点重要的差异。首先他认为聂耳被发现的时刻是"18日清晨5点半"，这与序章里提到《东京日日新闻》所说的"午后一时左右"完全不同；其次，他认为发现遗体的是"海水浴场监察员森井龟之助"，这一点其他材料都没有提到。关根久男于发表这篇文章的翌年2003年去世了，因此没法与他本人进行确认。1924年出生的关根在事件当时

---

1 日本聂耳纪念碑保存会制作的宣传单，1980年10月。
2 叶山峻《語りかけることば》，第23页。
3 关根久男《ニェアールの生地》，《鹄沼》杂志第85期，2002年，第66页。

为 11 岁，应该已经有一定判断能力了吧。他之所以明确地提出森井龟之助的姓名，很可能是他认识森井，而且直接从森井那里获得消息。

藤泽市相关人士间所流传的"溺死于大浪"的说法很可能来源于这位熟知海水状况并发现遗体的森井本人。对于海浪高度的判断，相比横滨气象台的观测值，作为鹄沼海岸监察员的森井的说法更有说服力。如果在清晨 5 点半发现遗体，那么经过医生检查及各种手续，警察在午后一时左右发布消息也是有可能的。经过一番调查，我发现森井龟之助于 1979 年 12 月去世，享年 73 岁，但他的夫人阿信年过 90 依然健在。阿信现在就住在鹄沼海岸附近，她儿子经营一家中华料理店，她就住在店面的二层。我了解到阿信与关根久男是堂兄妹，难怪关根知道详情。

2012 年秋天，我拜访了阿信老太太。当我问起龟之助发现聂耳遗体之事时，她答道："我丈夫并没有救助到聂耳，仅仅是发现了遗体而已，所以他生前不愿意提起这次事故。"森井家族从祖先到龟之助的父亲政五郎这一辈，是延续了 400 年的渔民行业中的老大，龟之助本人从事渔业，同时负责海水浴场的工作。聂耳失踪后，他受警察委托出船入海，撒网打捞却毫无结果。他不甘心，惦记着一定要寻个水落石出。翌日清晨，他很早就出门到海岸上继续搜索，终于在海底发现了聂耳的遗体。关于遗体的状况，阿信说从来没有听丈夫提到过"满脸是血"这样的说法。中华料理店墙壁上贴着大幅的聂耳墓和聂耳站立的照片。阿信的儿子叫作好昭，因为父亲与聂耳奇妙的缘分，他对聂耳之事也有所关注，2006 年好昭加入当地湘南日中友好协会组织的中国访问团，飞到了昆明，为聂耳扫墓。

综合所见材料，包括聂耳的日记书简、相关人士的证词，我认为聂耳并非死于谋杀，而是出于事故。以下整理其证据：

1. 聂耳在东京并没有任何引人注目的、值得日本政府加以杀害的行动。

2. 数年前他的健康状况，特别是脑部曾经有过疾患。

3. 海岸的状况并未达到波涛汹涌的程度，但是有海浪，特别是聂耳戏水附近水流复杂，存在意想不到的危险。

4. 聂耳不是旱鸭子，但在大海中游泳的经验不足。

5. 玩潜水游戏的时候，有可能身体产生突发状况，失去意识而被海浪卷走，因此溺死。

学者否定"谋杀说"的证据

接下来，我们来查看近年来研究聂耳的学者们如何否定"谋杀说"。崎松分析众多材料后认为，聂耳死因即为日本警察所检查的结果，为溺死，被谋杀的可能性极其微小。他举出最大的理由是：聂耳在日本并不出名，而且来日后并没有参与任何引起警察注意的抗日活动。如果是严密的日本特高组织所为，不可能那么愚蠢，在杀害的第二天就被发现了。总之，战后75年来，没有找到任何支持"谋杀说"的证据。[1]

20世纪80年代初，向延生编辑旧版《聂耳全集》时进行过详尽的调查，他的结论如下：

1. 曾经多次与聂耳在上海一起游过泳的孙瑜、金焰、吴永刚、赵丹、黎锦光等人，都说聂耳的游泳技能较差，不会换气经常沉底，因此有着"潜水艇"的外号。2. 当时在日本的中国留学生杜宣、林林、杨式谷、吴琼英等人，说他们1935年为此已进行了一些调查，但是都没有找到任何聂耳被谋害的根据和事实。3. 据杜宣（1932年

---

[1] 崎松《聂耳在藤泽遇难的死因探析》，《聂耳与日本》，第243—251页。

加入中国共产党，左联东京支部负责人，后任上海市文联副主席）说，聂耳离开东京前，他曾问过聂耳一起去藤泽的人是否可靠，聂耳明确告诉他说李相南是自己人——朝鲜共产党党员。4.许多被调查者说聂耳的歌曲当时在中国虽然已经很流行，但是一般人多不知道其作者是谁。在日本聂耳就更不为人所知，而且聂耳当时还是用"聂守信"的学名去的日本。5.那时日本虽然占据了东北，但是与其交战的是"抗日义勇军"，中日两国是1937年的"卢沟桥事变"爆发后才全面开战，因此1935年时日本当局还没有谋害聂耳的理由以及必要性。6.连当时居住在日本的中国著名人士郭沫若，日本警方那时都只是对他进行监视；对中国进步留日学生，也只是有时叫去问话、无理拘禁，最多是押送回国，没有听说有人被害死和谋杀。7.聂耳写作的歌曲成功表达了中国人民抗日救亡的高涨爱国热情，但是只是号召大家"担负起天下的兴亡"、"上前线去"、"举起所有的武器"、"驱逐我们的敌人"，并没有任何"抗日"甚至是"打回老家去"等直接的反日字句。日本当局如果以此来谋杀一个音乐家，而且只是以中国留学生身份去日本的聂耳（其中国共产党员的身份没有暴露），还缺乏根据。

还有人说聂耳的头部曾经多次出现过问题：1.在明月歌剧社时，有次聂耳曾经从单杠上头朝下摔在地上，当时就不省人事（见其1932年7月23日日记）。2.在联华公司时，1933年8月30日晚上在上海南京路永安公司门口拍外景时突然昏倒，因脑充血仁济医院住院治疗了八天（见聂耳那段时间的日记与书信）。3.我采访金焰和吴永刚时，他们都回忆说1934年有次与聂耳玩"坐飞机"（把他同侧的手脚拎起来转圈），不小心脱手，聂耳的头碰到了墙壁上，也是当场就昏了过去。4.1935年初赶拍影片《新女性》时，该片的导演蔡楚生回忆:"我们和聂耳共同度过了困倦而紧张的一个通宵又一个通宵。聂耳的脑部,过去不幸因曾经两度摔伤,一到深夜,血液上升,他就涨得满脸通红和感到痛苦不堪。往往在这时他总嚷着:我的头要爆炸了!"[1]

这样看来,聂耳脑部突发异常的可能性相当高。以上结论有一点信息特别重要,金焰等上海电影界同事们的说法与聂耳兄长聂叙伦所持观点正相反,他们的证词说明聂耳并不擅长游泳,而且头部疾患相当严重。经过如此详细的调查研究,我认为足以否定"谋杀说"。

从某种意义上说,"谋杀说"的存在,是中日两国关系恶劣导致的负面资产,正如鲁迅之死,也有说法认为是日本医生故意误诊导致的[2]。按照这种思路,要完全抹去聂耳被谋害的观点,仅仅将这些积累至今的调查结果公布于世是不够的。我认为,我们要传承保护聂耳对日本所留存的美好记忆,这位逃离祖国、在日本逗留了短短三个月时间的英才,在东京与藤泽两地度过了多么欢悦的时光啊。朝花夕拾,我愿这点回忆永不褪色,成为藤泽与昆明两市民众的友好桥梁。要越过"谋杀说"的旧时代,最好的方法,是让我们两国人民彼此加深友谊,携手进入一个新时代。

---

1 向延生《聂耳死因的调查及郭沫若的墓碑文》,增订版《聂耳全集》下卷,第456—459页。
2 根据鲁迅之子周海婴的说法,鲁迅夫人许广平晚年一直都怀疑鲁迅的主治医生原日本陆军医生须藤五百三。(2001年5月16日《读卖新闻》)

第五章

迈向国歌之路

第一节　如火如荼的抗日救亡歌咏运动

聂耳去世后,《义勇军进行曲》是如何被选定为国歌的呢？让我们来回顾这段历程。随着1930年3月中国左翼作家联盟成立，马克思主义文艺理论在中国广泛传播，左翼作家们深切地感受到建设革命文学的首要任务是"文艺大众化"。列宁提出"用音乐去获得民众的心，获得他们的支持，这是革命赋予艺术的绝对使命"[1]，随着这些观点的引入，大量苏联歌曲被介绍到中国，合唱运动也作为革命实践的一环被运用起来。抗日运动日渐高涨，群众性的抗日救国歌咏运动遍及全国大江南北。聂耳的抗日歌曲成为传唱的重要曲目，雄壮的歌声与朗朗上口的节奏时刻鼓舞着民众士气。

根据中国近现代音乐史研究学者陈聆群的观点，抗日救亡歌咏运动分为三个阶段：从1931年"九·一八"事变开始为酝酿期；1935年8月16日，上海召开聂耳追悼会后是形成期；1937年"七·七"事变抗战全面

---

[1] 伊藤惠子《革命と音楽 ロシア・ソビエト音楽文化史》，音楽の友社2002年，第97页。

爆发后达到高潮[1]。从1931年到1945年二战结束，中国大地产生了1200首抗日歌曲[2]。

首先在第一阶段，"九·一八"事变爆发，中国各地掀起了抗日运动，许多作曲家及中小学音乐教师创作了以抗日救国为题的歌曲。其中引人注目的是黄自（1904—1938），他从美国留学归来，执教于上海国立音乐专科学校，他创作的《抗敌歌》《旗正飘飘》促进民众团结，获得人民的喜爱。在中国共产党的指导下，全国组织起各种音乐团体，通过合唱、演奏黄自等人的歌曲，抗日救国歌曲进一步深入群众。抗日歌曲通过电影、舞台表演、唱片、广播等途径迅速传播，上海是电影事业的中心，同时也是抗日救亡歌咏运动的主要舞台。1935年年初，上海相继成立"民众歌咏会""业余合唱团"，属于草根群众的歌咏运动由此起步。

民众歌咏团隶属上海基督教青年会，由刘良模提倡创立，参加者为工人、教师、大学生及高中生。创立时团员90人，很快超过了300人。他们以"为了民族解放的合唱"为口号开展活动，影响力不断上升，到翌年1936年，会员已经超过1000人。业余合唱团由吕骥、沙梅等年轻作曲家创立，成员多为上海左翼戏剧界、音乐界人士，后来逐渐扩大至进步教师、学生及工人。他们不仅开展合唱团例会活动，而且外出到工人学生集会场所担任合唱指导员。

聂耳去世成为抗日救亡歌咏运动第二阶段起始的标志。聂耳死后，人们重新回顾他所创作的歌曲，促进了歌咏运动进一步发展，此时各地的合唱组织如雨后春笋一般增加起来。1937年"七·七"事变后抗日战争全面爆发，抗日救亡歌咏运动第三阶段迎来了盛况空前的高潮。《大刀进行

---

1 中国大百科全书出版社编辑部编《中国大百科全书》"抗日救亡歌咏运动"，中国大百科全书出版社1989年，第338页。
2 《解放军歌曲选集》编辑部编《抗日战争歌曲选集》，中国青年出版社1957年，第5页。

曲》《游击队歌》《保卫黄河》等抗日歌曲在中国此起彼伏，贺绿汀、冼星海等作曲家最为活跃。从第二阶段到第三阶段期间，即聂耳死后到抗日战争全面爆发之间，将《义勇军进行曲》这首歌曲加以传播、普及的是当年聂耳的前辈兼上司任光及社会活动家刘良模。

《义勇军进行曲》最早出现在电影《风云儿女》中，后由上海百代唱片公司录制成唱片。当时担任音乐部主任的任光组织了一个临时合唱团，成员是电影主角袁牧之、青年歌手盛家伦、演员郑君里、金山、顾梦鹤、施超、导演司徒慧敏等7人。[1]唱片于1935年5月9日电影公映前公开发行，获得良好评价。聂耳死后，任光受到国民政府迫害，于1937年5月逃亡法国。1938年7月，任光在巴黎组织了华侨合唱团，为了支援祖国抗日，他数次举办慈善音乐会，《义勇军进行曲》每次都被列入节目单。同年8月，任光在巴黎召开的世界反法西斯大会上介绍了《义勇军进行曲》这首歌曲。同年冬季，他转移到新加坡，同样在当地组织了华侨合唱团，继续支援祖国抗日。任光回国后加入了新四军，1941年1月在"皖南事变"中牺牲，时年41岁。

第三章提到，在辞去百代唱片公司工作前后一段时期里，聂耳曾经对任光心怀芥蒂。我们无法确定后来两人是否修复了关系，也许这两个属于音乐的心灵保持着距离直到永别。但可以明确的是，在聂耳去世后，任光倾尽全力地通过歌咏运动去普及聂耳的《义勇军进行曲》。

刘良模是上海基督教青年会的学生干事，他是抗日救亡歌咏运动的重要先驱者。1936年5月末，中华全国各界救国联合会在上海举行成立大会，全国20多个省市60多个抗日救亡团体代表参加。大会申明全国各界救国联合会是一个全国统一的联合救国阵线，以反对内战及团结全国救国

---

[1] 根据上海市中国国歌展示馆的简介第15页介绍，这张唱片混杂着广东话，因为郑君里、顾梦鹤、司徒慧敏3人是广东人。

力量，谋求民族解放为宗旨。成立大会结束后的6月7日，在上海西门公共体育场，760名民众合唱团成员与5000名市民齐声合唱《义勇军进行曲》《大路歌》等抗日歌曲，刘良模站在高凳上指挥了这令人热血沸腾的一幕。1940年夏季，刘良模受国民政府迫害不得不逃亡美国，在大洋彼岸，他依旧积极宣传中国人民英勇抗日的事迹。他在纽约华人街组织了华侨青年合唱团，传唱《义勇军进行曲》。美国演员兼著名黑人歌手保罗·罗伯逊（1898—1976）通过刘良模的活动接触到《义勇军进行曲》，罗伯逊同情并支持中国抗日救亡运动，他高度评价这首歌曲，认为歌曲表达出"不仅仅是中国人民，而且包括美洲大陆黑人在内的全世界被压迫人民追求自由与解放的决心"。罗伯逊一字一句学习中文发音和唱法，这首用中文演唱的歌曲以"起来"为题目，收录在他的唱片中，唱片在全美发售，名为"和平之歌"。[1] 通过罗伯逊的传播，《义勇军进行曲》的歌声传达到了联合国。1941年12月8日，"珍珠港事件"及马来作战使太平洋战争爆发，东南亚各国纷纷掀起了反对日本侵略的抵抗运动。《义勇军进行曲》传唱于东南亚，各国把"中华民族到了最危险的时刻"中的"中华"更改为自己国家名称。美英等同盟国家经常在广播中播放这首歌，《义勇军进行曲》成为世界性的抗日歌曲。

1936年12月，震惊中外的"西安事变"发生后，支持中国革命的美国女记者艾格尼丝·史沫特莱（1892—1950）在西安街头目睹群众游行队伍在《义勇军进行曲》雄壮的旋律中振臂高呼"打倒东洋鬼！"、"释放

---

[1] 郭超《国歌历程》，中国国际广播出版社2002年，第24页。罗伯逊这首《起来》被收录于增订版《聂耳全集》上卷附录的CD中。

张学良元帅！"，她把这一幕记录了下来。[1] 根据电影评论家田中秀雄的研究，张学良的秘书苗剑秋1936年曾经得到张学良的密信赴日，回国途中经过上海购买了《义勇军进行曲》，他带着这张唱片回到了西安。这首歌曲很快成为张学良所率部队爱唱的歌曲。[2] 国民党取缔这首抗日歌曲，没想到其内部居然也有拥趸。

军事评论家前田哲男提到，1940年9月周恩来到重庆就当前抗战形势做了三个半小时的演讲，演讲休息时，听众自发地唱起了《义勇军进行曲》。[3] 就在前一个月，中国山西、河北一带发生了著名的百团大战，八路军与日军展开了大规模激战，《义勇军进行曲》无论在前线战场还是临时首都重庆，都是激动人心、鼓舞斗志的旋律。

共产主义运动活动家、曾经在上海东亚同文书院上学的中西功（战后担任日本共产党参议院议员）在天津活动期间，说1937年前后"聂耳的歌曲给予人们勇气"[4]。二战后期的1944年，美国国务院在考虑同盟国胜利时各国该演奏什么歌曲时，认为中国方面最合适的是《义勇军进行曲》。1949年4月，捷克斯洛伐克的首都布拉格召开第一届世界保卫和平大会（另一个会场同时在巴黎），开幕式时将演奏各国国歌，而中国当时还没有国歌。北京已经解放，但中华人民共和国到10月才正式成立。中国代表团中有团员提出，歌词中的"中华民族到了最危险的时候"是否已经不合时宜。此时团长郭沫若迅速将歌词改为"中华民族到了大翻身的时候"。

1　史沫特莱《中国の歌ごえ》(中文名《中国的战歌》)上卷，高杉一郎译，文库1994年，第132页。1950年5月，史沫特莱客死伦敦。她的遗言如下："我为了一个信念而生存，那就是贫苦受虐者的解放。中国革命的成功实现了最重要的解放。如果中国大使来到了，如果能为我的遗体只唱一首歌，中国的国歌——'起来！不愿意做奴隶的人们，让我们的血肉筑成我们新的长城'，我将不胜感激。由于我的心灵在这个世界上除了中国任何地方都未能找到安宁，我希望我的骨灰能和死去的中国革命者同在。"高杉一郎《大地の娘アグネス・スメドレーの生涯》，岩波書店1988年，第292页。1951年史沫特莱的骨灰被安放于北京八宝山革命公墓。

2　田中秀雄《映画に見る東アジアの近代》，芙蓉書房2002年，第62页。

3　前田哲男《新訂版 戦略爆撃の思想——ゲルニカ 重慶 広島》，凱風社2006年，第313页。

4　中西功《中国革命の嵐の中で》，青木書店1974年，第125页。

第二节 《义勇军进行曲》成为代国歌

在中华人民共和国成立前的1949年6月15日，新政治协商会议筹备会召开第一次全体会议。16日晚上召开了第一次筹备会议，在常务委员会下设6个小组，分别负责建立新政府的各项工作，其中第六组负责拟定国旗、国徽和国歌。小组组长是中国民主促进会代表、学者马叙伦，副组长是军人兼政治家叶剑英和作家沈雁冰（茅盾）。小组成员除了本书经常出现的田汉、郭沫若、欧阳予倩外，还有人口学家马寅初、作家郑振铎、政治学者张奚若、核物理学家钱三强、历史学家翦伯赞、女性社会活动家蔡畅、民主同盟创立者张澜、政治家李立三、政治家廖承志、华侨实业家陈嘉庚等代表社会各界的精英人物。

7月4日召开第六组第一次会议，会议决定公开征集国旗、国徽图案及国歌词谱，设立了国旗、国徽图案评选委员会及国歌词谱评选委员会，成员包括音乐家马思聪、吕骥、贺绿汀、姚锦新，画家徐悲鸿，作家艾青，建筑家梁思成等。接着7月15日至26日，《人民日报》《新民报》《大众日报》《光明日报》《进步日报》《天津日报》等报刊刊登了征集启事，来自国内外的应征方案络绎不绝。募集期限截止到 8 月 20 日，国歌方面有 632 首新曲子应征，如果加上无歌词的曲谱总共是 694 首。评选委员会对这些曲子进行审查，但是大部分难以呈现一个新国家所需的精神和气魄。有人认为短时间内很难创作出一首完美的歌曲，也有意见提出从既有的抗日歌曲中选择适合的，例如《延安颂》《救亡进行曲》《太行山上》《松花江上》《毕业歌》《渔光曲》《大刀进行曲》等，均为广泛受到民众支持的歌曲。第六组将这些作为国歌候补歌曲提交给周恩来。

周恩来是最先提出推荐《义勇军进行曲》的，第六组不少委员赞同这一点，在 9 月 14 日召开的组内会议上，梁思成、张奚若提出《义勇军进行曲》这一选择。此时也有报告显示在公开征集期间，海内外许多应征稿件也提出同样意见，这首并非新创作的作品得到了不少推荐票。在审查商议中，《义勇军进行曲》这首歌曲虽然占优势，但是老问题重新浮现，4 月在巴格达的世界保卫和平大会上引起异议的歌词该怎么办呢？好几位委员均提出"中华民族到了最危险的时候"这句歌词已经不适合新中国形势。在布拉格靠郭沫若可以灵活应变，现在事关重大，无法临阵磨枪。张奚若提出意见，他举例法国国歌《马赛曲》亦是历史性的产物，歌词唱道："你看暴君正在对着我们举起染满鲜血的旗！"[1] 这样的词句难道代表法兰西的耻辱吗？不，当然不，这染满人民鲜血的历史反而加深了得之不易的革命荣耀，具有不可忘却的历史性意义。[2] 听了张奚若的意见，许多

---

[1] 榎本泰子认为，大力推荐《义勇军进行曲》的人，是田汉的亲密好友徐悲鸿。(《中国国歌を知っていますか——'君が代'を考えるために》，《未来》1999 年 9 月号，第 4 页) 榎本泰子在论文中并未提出论据，我认为很有可能是根据徐悲鸿的妻子廖静文的《徐悲鸿传——我的回忆》，在这本回忆录里提到，评选委员之一的徐悲鸿对妻子说要推荐《义勇军进行曲》。妻子说歌曲不符合现状的问题怎么办，徐悲鸿举出法国国歌《马赛曲》的例子。(《徐悲鸿传》，青年出版社 2010 年，第 316—317 页) 但根据向延生的意见，徐悲鸿在评选会上表示该歌曲只能做暂代国歌，举出《马赛曲》为例子的是张奚若，而大力主张原词不动地作为国歌的是周恩来。(《〈中华人民共和国国歌〉诞生纪实》，增订版《聂耳全集》下卷，第 410 页；《谁是国歌的首先倡议者》，《传记文学》2012 年 10 月期，第 105—106 页）

[2] 吉田进《ラ・マルセイエーズ物語》，中央公论社 1994 年，第 239 页。

委员表示赞同，于是决定不改动歌词。但是郭沫若和李立三表示反对，郭沫若认为有必要改动歌词并且向上级提交歌词修订案。《义勇军进行曲》的作词者田汉发言，他表示："该曲是很好的，我写的歌词在过去有它的历史意义，但现在应该让位给新的歌词。"[1] 这位在旧时代风雨中战斗过的文学家，谦逊中带有昔日的荣耀。

开国大典近在眼前，9月25日夜晚，毛泽东与周恩来决定必须明确国旗、国徽和国歌问题，于是召集第六小组和评选委员会到中南海丰泽园协商座谈。毛泽东首先发言："大家都认为以《义勇军进行曲》做国歌最好，意见比较一致，我看就这样定下来吧。"组长马叙伦说："我们第六小组大家一致同意《义勇军进行曲》当国歌，但有个别委员要求修改个别歌词。"周恩来说："就用原歌词，这样才能激励起感情，修改了唱起来就不会有那种感情。"最后毛泽东做了总结发言："我国人民经过艰苦斗争，虽然全国快解放了，但是还受帝国主义的包围，不能忘记帝国主义对我国的压迫，我们要争取中国完全独立解放，还要进行艰苦卓绝的斗争，所以还是保持原有歌词好。"会议全体人员一致支持两位领导人的意见，散会前，在周恩来提议和指挥下，全体与会代表高歌《义勇军进行曲》。这次会议的详细记录很快被整理出来并发给600多名新政协委员，9月27日政协第一届全体会议，全体一致通过了以《义勇军进行曲》为代国歌的议案。[2]

1　向延生《〈中华人民共和国国歌〉诞生纪实》，增订版《聂耳全集》下卷，第412页。
2　彭光涵《关于第一届政协讨论和确定〈国歌〉的经过》，载于郭超《国歌历程》，第89、93页，收录于增订版《聂耳全集》下卷，第407、409页。

第三节　经历"文化大革命"的风暴

中华人民共和国成立 17 年后，中国遭遇了"文化大革命"。

"文革"开始后，田汉被打为"反革命分子"，这位中华人民共和国成立后戏剧界举足轻重的人物，在 20 世纪 50 年代围绕戏剧改革方针与共产党领导人康生、江青产生了对立。历史剧《谢瑶环》《关汉卿》等田汉代表作被极左派列为反党反社会主义的"大毒草"，遭到激烈批判。他们甚至利用鲁迅的影响力去制造文字狱，30 年前已经逝世的鲁迅曾经于 20 世纪 30 年代后期在《文学论争》上发表文章批评田汉、夏衍、阳翰笙、周扬，将他们四人揶揄为"四条汉子"。这种嘲讽被造反派无限上纲，当成一条政治术语，成为政治迫害的借口。1965 年，田汉被迫到北京郊外的牛栏山公社劳动改造，1966 年 6 月，"文革"开始的同时田汉接受隔离审查，12 月入狱，两年后的 1968 年 12 月 10 日，70 岁的田汉死于狱中。田汉死后，1971—1972 年全国开展了大规模批判"四条汉子"的运动，1975 年造反派将田汉宣布为"叛徒"，永远开除党籍。1976 年 8 月唐山大地震后的一片混乱中，田汉妻子安娥在悲愤中死于北京。[1]田汉死后11年，1979年3月，他终于得到昭雪平反。在召开田汉追悼大会前举行了入殓仪式，但他的骨灰遗骸已经无处可寻，骨灰盒里只放了《义勇军进行曲》曲谱、晚年代表作《关汉卿》剧本、爱用的帽子和印章。[2]

"文革"中最积极迫害文化界人士的是毛泽东夫人江青。江青1934年9月在上海曾经被国民政府逮捕，她在狱中写了声明，表示"我没有参加过共产党，共产主义不适合中国国情，以后也决不参加共产党"，同时填写"自首登记表"才被保释出狱。30年后的"文化大革命"伊始，她便急于着手粉饰自己不光彩的经历，那些曾与她在上海时代共事的文艺界人士一个个遭到她的残害。[3]田汉曾经多方关照初到上海谋生的江青，让她寄宿在家，帮助她在电影界找工作，所以噩运没有例外地降临在他身上。"文革"中遭到江青毒手的，除了"四条汉子"，还有无数人受到残害，文艺界、学术界九死一生幸存下来的有夏衍、赵丹等少数人。与聂耳相关的人物，包括电影导演郑君里，编剧应云卫、蔡楚生，演员顾而已、王莹等人，在"文革"中因遭到迫害直接或间接地殒命。[4]

江青在她演员时代以"蓝苹"为名，曾经与演员唐纳结婚，两个月后即分手。聂耳与唐纳是友人，两人通过左翼文艺活动熟悉并成为亲密的战友。唐纳在聂耳去世后即写追悼文回忆道，聂耳逃离上海前曾经邀自己一道渡海赴日。[5]同在上海电影界，聂耳与近在咫尺的江青却似乎从未有过交往。1959年赵丹主演了电影《聂耳》，1964年江青将这部电影当作靶子，严厉批判打击昔日同行。假设聂耳如果活到"文革"时代，必然会遭到江

---

1 董健著《田汉》，中国华侨出版社1999年，第264页。
2 方全林著《田汉：中国话剧的奠基人》，上海教育出版社1999年，第269页。
3 严家祺、高皋著，辻康吾翻译《文化大革命十年史》，岩波书店1996年，第20—21页。
4 中国电影家协会编《中国电影年鉴1981年》，第227页。杨克林、樋口裕子/望月畅子翻译《文化大革命博物馆》下卷，柏书房1996年，第336页。
5 唐纳《给亡友聂耳》，增订版《聂耳全集》下卷，第256—257页。

青等人的攻击吧。

《义勇军进行曲》在"文革"初期作为代国歌，仍然可以排除歌词演奏曲谱。但是1964年江青等"四人帮"开始批判电影《聂耳》后，全曲都遭到禁止，取而代之的是《东方红》。[1]

---

[1] 孙玄龄著、田畑佐和子译《中国の音楽世界》，岩波书店1990年，第158页。

第四节　成为正式国歌

1976年1月周恩来去世，对"文革"的清算逐渐形成共识。同年9月9日，毛泽东逝世。10月6日，"四人帮"被逮捕，"文革"终于结束。但《义勇军进行曲》依然只被允许演奏曲子，歌词未解禁。尽管重唱歌词的呼声很高，但领导层仍在极左思想支配下，并没有认可歌词，而是计划制定新国歌。1977年，新的国歌征集委员会成立，提出两个方案，一是沿用《义勇军进行曲》曲谱，全面修订歌词；二是词曲同时修订。应征318件中130件支持第一方案，收到188首新歌曲。于是，第一方案被确定下来。[1]

1978年3月5日，第五届全国人民代表大会决议通过修订《义勇军进行曲》的议案，将原来歌唱民族解放的内容更改为以毛泽东思想为核心，共产党领导下的中国革命。修订后的《义勇军进行曲》成为正式的中国国歌。修订后的歌词如下：

---

[1]　郭超《国歌历程》，第9—10页。

前进，各民族英雄的人民！
伟大的共产党，
领导我们继续长征！
万众一心奔向共产主义明天，
建设祖国保卫祖国英勇的斗争。
前进！前进！前进！
我们千秋万代，
高举毛泽东旗帜，前进！
高举毛泽东旗帜，前进！
前进！前进！进！

次年，田汉得到平反并恢复名誉。1982年12月4日全国人民代表大会决定恢复国歌歌词。22年后的2004年3月14日，第十届全国人民代表大会上通过了宪法第四次修正案，其第四章由"国旗、国徽、首都"加入"国歌"后成为"国旗、国歌、国徽、首都"，明确"中华人民共和国国歌是《义勇军进行曲》"。后来，不断有呼声希望国歌不仅要演奏，还要被歌唱。于是从2009年开始，每年3月召开的全国人大及全国政协会议的开幕式和闭幕式上，在人民解放军军乐团的伴奏下，全体代表委员齐唱国歌。

23岁逃脱反动政府，客死异乡的年轻音乐家聂耳，大概不会料想自己的作品会成为中华人民共和国的国歌吧。他的代表作《义勇军进行曲》，正如作者一样在时代浪潮中起伏，经历了跌宕的命运。

终 章

《义勇军进行曲》的作曲者与日本

2000年10月，中国时任总理朱镕基访日，参加TBS现场直播节目。节目中有一位大阪家庭主妇向总理提问："您最喜欢的歌曲是哪一首？可以给我们唱几句吗？"朱镕基总理回答道："我最喜欢的歌曲是国歌。但是要唱的话大家都要起立，还是算了吧。"[1]

正如前一章所描述的那样，《义勇军进行曲》被正式指定为中华人民共和国国歌的历程是曲折艰辛的。今后随着中国人民意识的变化，会不会出现新的国歌呢？在这个价值观多元化和全球化的时代，如果再次出现一种呼声，要求再创作出一首能引起大多数国民共鸣的国歌，那么中国历史将会翻开新篇章吧。反观日本，在战前，日本无视发动战争的事实，将战争称为"支那事变"，到了战后，只关注自己在1941年太平洋战争爆发后遭受的创伤，却没有审视在中日之间作为加害者的历史事实。历史认识的龃龉是造成两国关系走向不和的原因之一。对我们日本人来说，了解《义勇军进行曲》的形成与其作曲家的生涯并不仅仅停留于知识性地去学习中

---

[1] 筑紫哲也《ニュースキャスター⑧》,《青春と読書》, 集英社2002年11月号, 第19页。

国国歌的来历，而是在于理解彼此之间历史认识的差异，体会努力填补这一沟壑的重要性，这一痛切感受时时刻刻萦绕在我心中。

目前中日政治关系跌落至两国邦交正常化以来的最低谷。聂耳生活的时代亦是如此，他到达日本的1935年，是中日全面战争爆发的前夜，两国关系严重恶化。然而聂耳在日本，特别是在藤泽友人家中度假的短暂时光，却是他人生中最为悠闲舒适的光阴，这对我们日本人来说起码是一种安慰。无论国家之间形势如何冷酷，普通老百姓的交流却都是可以成立的，我因此看到那希望之光。

我愿意再次回想起聂耳的话语，他在逝世前几天的日记里写道：

> 我从来也没有想到我会到这样美的地方来安闲地住着，更没有想到会和日本人弄得这样亲切，居然住人家，吃人家。（1935年7月11日日记）

最后，我想介绍日中两国聂耳相关的地点设施。在中国，得益于政府宣传国歌由来的意向，相关的历史遗迹得到修缮，由于云南省昆明市聂耳的老家房屋老朽损坏，重建了聂耳故居陈列馆。聂耳少年时期经常散步的翠湖湖畔建起塑像和纪念碑。另外在昆明市北部圆通山（现在的昆明动物园附近）景色优美的地方重建了一座聂耳亭。聂耳原籍所在的玉溪市1987年建设了聂耳纪念公园；2006年，市区郊外建成了聂耳音乐广场，这是一个大公园，中央广场有一个人工池；2009年，公园里建成聂耳大剧院，还有一个包含聂耳图书馆的建筑面积达4000平方米的聂耳纪念馆。云溪市内位于繁华路段的聂耳父母老家，也被修缮为聂耳故居，向普通市民开放。

聂耳在上海的几个主要活动场所，位于虹口区公平路同春里的烟草批发商云丰申庄及宿舍旧址，似乎有建纪念馆的意向。另外聂耳从 1934 年底至东渡赴日前所居住的淮海中路 1258 号建筑已经是徐汇区文物保护单位。徐汇区内上海图书馆附近有个宝昌公园，1992 年为了纪念聂耳诞辰 80 周年，设立了一尊聂耳塑像。2009 年秋天，拍摄电影《风云儿女》的电通影业公司旧址（杨浦区荆州路）上设立了国歌展示馆，展示馆前有国歌纪念广场，广场上巨大的纪念碑是聂耳拉小提琴的身影。

　　日本方面前文曾经提到，1954 年 11 月，鹄沼海岸设立了聂耳纪念碑。碑石表面巧妙地将"耳"字图案化，设计者是近代日本建筑运动先驱山口文象（1902—1978）。1958 年 9 月狩野川台风造成纪念碑损毁，当地群众组织的纪念碑保存会发起了再建运动，1965 年 4 月，纪念碑在引地川的东侧再次被树立起来。1981 年藤泽市与昆明市结成友好城市，以此为契机，鹄沼海岸纪念碑周边扩建为小广场，1986 年为纪念聂耳逝世 50 周年，雕刻家菅沼五郎设计制作 2.5 米高青铜浮雕碑板，伫立在纪念碑身旁。2011 年，为纪念友好城市 30 周年，昆明市向藤泽市赠送了一块石碑，上面写道：

　　　　一曲报国惊四海
　　　　两地架桥惠万民

　　每年 7 月 17 日，在聂耳逝世的这一天，藤泽市当地民众都会举行祭奠活动，怀念这位命运多舛的年轻音乐家。2012 年是聂耳 100 周年诞辰，正好也是中日两国邦交正常化 40 周年，聂耳亲属及昆明市人民政府代表团访问日本。7 月 16 日，中国驻日大使夫妇莅临藤泽市民会馆，举行了盛大的纪念仪式及音乐表演。17 日当天，藤泽市消防队演奏中国国歌，参加人员一同向纪念碑献花。当地友好团体从 2010 年来建立了一个传统，每年面向昆明市大学生举办日语演讲比赛，获奖者得到一周访日的机会，所需费用均为日方募捐所得。来日的中国学生住在藤泽当地老百姓家中，就像当年的聂耳一样与主人家庭同吃同住，参加观光活动并与日本学生进行友好交流。

我们默默地坚持着发自内心的民间交流，对起起伏伏的中日关系来说，也许是一线希望。

附 录

聂耳作品一览（以年代为顺序）

1932 年

《进行曲》（口琴曲）

《圆舞曲》（口琴曲）

《天伦之爱》（歌舞曲）

1933 年

《开矿歌》（田汉作词，电影《母性之光》插曲）

《饥寒交迫之歌》（董每戡作词，话剧《饥饿线》插曲）

《卖报歌》（安娥作词，儿歌）

1934 年

《走出摄影场》（安娥作词，女声独唱）

《一个女明星》（安娥作词，根据云南玉溪花灯曲牌"玉娥郎"改编，女声独唱）

《雪飞花》(柳倩作词,儿歌)

《翠湖春晓》(民族器乐合奏曲)

《金蛇狂舞》(民族器乐合奏曲)

《昭君和番》(民族器乐合奏曲)

《卖报之声》(武蒂作词,儿歌)

《小野猫》(陈伯吹作词,儿童表演唱)

《打砖歌》(田汉作词,歌剧《扬子江暴风雨》插曲,合唱歌曲)

《打桩歌》(田汉作词,歌剧《扬子江暴风雨》插曲,合唱歌曲)

《码头工人》(孙石灵作词,歌剧《扬子江暴风雨》插曲,合唱歌曲)

《苦力歌》(后改为《前进歌》,田汉作词,歌剧《扬子江暴风雨》插曲)

《毕业歌》(田汉作词,电影《桃李劫》主题曲,合唱歌曲)

《山国情侣》(民族器乐合奏曲)

《大路歌》(孙瑜作词,电影《大路》主题曲,合唱歌曲)

《开路先锋》(孙师毅作词,电影《大路》序曲,合唱歌曲)

《飞花歌》(孙师毅作词,电影《飞花村》主题曲,女声独唱)

《牧羊女》(孙师毅作词,电影《飞花村》插曲,儿歌)

《新女性》(孙师毅作词,电影《新女性》主题曲,组歌)

1935 年

《告别南洋》(田汉作词,话剧《回春之曲》插曲,男声独唱)

《春回来了》(田汉作词,话剧《回春之曲》插曲,女声独唱)

《慰劳歌》(田汉作词,话剧《回春之曲》插曲,叙事性歌曲)

《梅娘曲》(田汉作词,话剧《回春之曲》插曲,女声独唱)

《逃亡曲》(后改为《自卫歌》,唐纳作词,电影《逃亡》主题曲,合

唱歌曲）

《塞外村女》（唐纳作词，电影《逃亡》插曲，女声歌曲）

《打长江》（田汉作词，电影《凯歌》主题曲，独唱，后未被采用）

《采菱歌》（田汉作词，电影《凯歌》插曲，合唱，后未被采用）

《铁蹄下的歌女》（许幸之作词，电影《风云儿女》插曲，女声独唱）

《义勇军进行曲》（田汉作词，电影《风云儿女》主题曲，合唱歌曲）

创作时间不明的作品

《无题（雪）》

《小工人》（安娥作词，儿歌）

《伤兵歌》（安娥作词，歌曲）

《白雪歌》（苗子作词，歌曲）

《春日谣》（鲁戈作词，歌曲）

《采茶歌》（歌曲）

《茶山情歌》（男女二重唱）

聂耳相关年谱

1912年

2月15日，聂耳（聂守信）出生在云南省昆明市甬道街72号，父亲聂鸿仪，母亲彭寂宽。

1916年（4岁）

7月11日，父亲聂鸿仪因肺结核病去世，享年45岁。

1918年（6岁）

春季入昆明县立师范附属小学读书。

1919年（7岁）

"五四运动"爆发。

1922年（10岁）

春季转入私立求实小学高小年级。向附近的家具匠人邱师傅学习吹奏笛子、二胡等民族乐器。

1925年（13岁）

春季插班进入云南省立第一联合中学就读。上海爆发五卅惨案。

1927年（15岁）

三榜考入食宿公费的省立第一师范学校。

1928年（16岁）

秋季，加入中国共产主义青年团。11月30日，作为学生兵加入民国革命军滇系的第十六军，驻扎在湖南郴州。

12月，国民党结束北伐。

1929年（17岁）

3月，跟随第十六军军官团至广州。4月，就读广东戏剧研究所附属戏剧学校，感到失望，退学。5月6日，回到昆明，复学就读云南省立第一师范学校。7月11日，昆明市内发生火药库爆炸事件，聂耳加入"七·一一青年救济团"，引起当局注意。

1930年（18岁）

7月1日，毕业于第一师范学校。得到将要被捕的风声，7月10日逃离昆明，18日到达上海，成为烟草批发店云丰申庄的店员。11月，加入反帝大同盟。

1931年（19岁）

3月，云丰总店因被查出逃税而倒闭，聂耳失业。4月，以艺名"聂紫艺"考入联华影业公司附属"联华歌舞学校"。

1932年（20岁）

"一·二八"事变爆发。3月1日，伪"满洲国"宣布成立。

3月24日，联华歌舞学校解散，加入重新组团的明月歌剧社。4月22日，第一次与田汉相识。7月，因"黑天使事件"退出明月歌剧社。8月7日，离开上海，11日到达北平。9月13日，参加国立北平大学艺术学院考试，笔试未通过。秋季，改笔名为"聂耳"。11月6日离开北平，8日到达上海。就职于联华影业公司第一制片厂。

1933年（21岁）

年初，经田汉介绍，夏衍作见证，聂耳加入中国共产党。2月5日，租住于霞飞路公寓三层。2月9日，就任中国电影文化协会执行委员。春季，与张曙、任光等结成"中国新兴音乐研究会"。8月30日，在拍摄电影《人生》中昏倒，被诊断为脑溢血。

1934年（22岁）

1月24日，联华影业公司以劝其休养的名义解雇聂耳。2月报考国立音专小提琴专业，未被录取。4月1日，聂耳就职于百代唱片公司，曾任音乐部副主任。11月末，与经营者意见不合，退职。

1935年（23岁）

1月，担任联华影业公司第二制片厂音乐部主任。2月19日田汉被捕，聂耳身处危险，4月15日离开上海，18日到达东京。5月24日，上海金城大剧院公映电影《风云儿女》。6月3日，在位于神田的中华青年会馆做题为"最近中国音乐界的总检讨"的演讲。7月9日，到神奈川县藤泽町旅行。7月17日在神奈川县藤泽町鹄沼海岸游泳时溺水而死。享年23岁。

8月1日，中国共产党提出"八一宣言"，号召抗日救国统一战线。

8月4日，在日中国留学生在千叶县馆山町北条海岸举行聂耳追悼会。8月16日，上海音乐、电影、戏剧界人士在金城大剧院召开聂耳追悼会。秋天，张鹤与郑子平将聂耳骨灰带回上海，保存于郑雨笙处。

1936年

5月，聂叙伦从上海郑雨笙处得到弟弟聂耳的骨灰，准备带回故乡昆明。由于法属越南禁止随身携带骨灰，只好通过邮寄。

1937年

7月7日，"卢沟桥事变"，抗日战争全面爆发。

10月1日，亲友们将聂耳的骨灰安葬于昆明西山美人峰。

1940年

友人们在昆明市北部圆通山建起聂耳亭，云南省政府主席龙云为聂耳亭题字。

1945年

8月14日，日本接受"波茨坦公告"。9月2日，日本签订投降书。

1949年

9月27日，中国人民政治协商会议第一次全体会议上，《义勇军进行曲》被定为代国歌。

10月1日，中华人民共和国成立。从这一年，藤泽市市民开始了聂耳纪念碑的筹建活动。

1950年

6月，朝鲜战争爆发。

11月，藤泽市举办第一届"聂耳纪念晚会"。

1953年

7月17日，北京市中山公园音乐堂举办纪念聂耳逝世18周年音乐会，参加者4000人。

1954年

1月，昆明西山建成聂耳新墓碑，郭沫若题写新碑文。11月1日，藤泽市鹄沼海岸的引地川河口附近设立聂耳纪念碑。

1955年

10月30日，北京的中央音乐学院民族音乐研究所设立聂耳纪念室。

1956年

12月23日，聂耳母亲彭寂宽在昆明去世，享年75岁。

1958年

9月27日,狩野川台风登陆神奈川县东部,聂耳纪念碑被毁坏。

1959年

7月15日,纪念新中国成立10周年的电影《聂耳》(主演赵丹)公映。

1963年

6月1日,藤泽市成立聂耳纪念碑保存会,发起再建纪念碑活动。

1965年

9月,藤泽市建成新的聂耳纪念碑,举行落成仪式。

1966年

5月,中国"文化大革命"开始。

7月1日,北京广播电台停止播放《义勇军进行曲》,取而代之的是《东方红》。

1968年

12月10日,"文革"中被逮捕的田汉死于狱中,享年70岁。

1972年

9月,中日邦交正常化。

1976年

10月,"四人帮"被逮捕,"文革"结束。

1978年

3月,第五届全国人民代表大会第一次全体会议决定将修改歌词后的代国歌《义勇军进行曲》定为正式国歌。

1979年

4月25日,恢复田汉名誉,北京八宝山革命公墓举行追悼仪式。

1980年

聂耳墓址搬迁至昆明西山龙门处。

1981年

11月5日,昆明市与藤泽市签订缔结友好城市协议书。

1982年

12月,第五次全国人民代表大会第五次全体会议决定《义勇军进行曲》恢复原歌词,为中国正式国歌。

1984年

9月,玉溪市指定聂耳旧居为"重点文物保护单位"。

1985年

7月,为纪念聂耳逝世50周年,昆明西山聂耳墓开始进行修缮。

10月,作为纪念聂耳逝世50周年活动的一环,两卷本《聂耳全集》由文化艺术出版社、人民音乐出版社联合出版。

1986年

3月,藤泽市纪念聂耳逝世50周年,聂耳纪念广场修缮一新,雕刻家菅沼五郎制作的新纪念碑落成。

1992年

10月28日,为纪念聂耳诞辰80周年,上海市徐汇区宝昌公园树立聂耳铜像。

1995年

12月4日,庆祝《义勇军进行曲》创作60周年及确立为正式国歌13周年音乐会在北京隆重举行。

1997年

4月,中共云南省委指定聂耳旧居为"省级爱国主义教育基地"。

1998年

11月,云南省将聂耳旧居列为"省级重点文物单位"。

1999 年

昆明西山的聂耳墓修建工程全部完工,并被定为"全国文物重点保护单位"。

2000 年

10 月 24 日,聂耳的三哥聂叙伦在昆明去世,享年 91 岁。

2004 年

3 月 14 日,中国第四次修订宪法。第 136 条规定:"中华人民共和国国歌为《义勇军进行曲》。"

5 月 25 日,玉溪市设立云南聂耳音乐基金会。

2005 年

玉溪市将聂耳去世的 7 月 17 日定为聂耳纪念日。

2006 年

7 月,玉溪市聂耳音乐广场落成。

2009 年

5 月,玉溪市建成聂耳纪念馆。

6 月,举办第一届中国聂耳音乐周,开幕式于北京,闭幕式在玉溪。

10 月,上海市杨浦区荆州路中国国歌展示馆开放。

2011 年

6 月,昆明聂耳的诞生之地完成修复,向公众开放。

2012 年

2 月,为纪念聂耳 100 周年诞辰,增订版《聂耳全集》全三卷由文化艺术出版社出版,昆明举办纪念音乐活动。

7 月 17 日,玉溪市举办纪念聂耳 100 周年诞辰活动。日本藤泽市欢迎中国代表团,举办聂耳 100 周年诞辰纪念音乐会及碑前祭拜活动。

参考文献及资料

中文图书

基础文献

聂耳全集编辑委员会编《聂耳全集》增订版全三卷，文化艺术出版社 2012 年

天虚、黄风编辑《聂耳纪念集》，东京聂耳纪念会 1935 年

王懿之《聂耳传》，上海音乐出版社 1992 年

聂叙伦《少年时代的聂耳》，新蕾出版社 1981 年

崎松《聂耳与玉溪》，民族出版社 1999 年

崎松《聂耳与日本》，云南人民出版社 2010 年

汪毓和《聂耳评传》，中国近现代音乐家研究丛书，人民音乐出版社 1987 年

向延生主编《中国近现代音乐家传》第二卷，春风文艺出版社 1994 年

程季华《中国电影发展史》全二卷，中国电影出版社 1963 年

张骏祥、程季华主编《中国电影大辞典》，上海辞书出版社 1995 年

郭超《国歌历程》，中国国际广播出版社 2002 年

参考文献

云南省玉溪第一中学编《中华之声——聂耳》，云南出版集团公司 2010 年

云南聂耳音乐基金会编《人民音乐家聂耳》，云南美术出版社 2005 年

云南聂耳音乐基金会、玉溪聂耳音乐研究课题组编《聂耳音乐研究文集》，中国文献出版社 2006 年

黄晓彦编著《上海红色旅游》，上海大学出版社 2005 年

黄志伟主编《老上海电影》，文汇出版社 1998 年

王志雄、郭凌《聂耳——玉溪人民的骄傲》，中国民族摄影艺术出版社 2006 年

王志雄、郭凌主编《亲人心中的聂耳》，中国民族摄影艺术出版社 2008 年

王志雄、郭凌编《永恒的记忆——云南日报上的聂耳》，云南人民出版社 2008 年

王术编著《聂耳》，吉林出版集团 2011 年

王人美口述、解波整理《我的成名与不幸——王人美回忆录》，团结出版社 2007 年

王素萍《她还没叫江青的时候》，北京十月文艺出版社 1993 年

汪毓和编著《中国音乐欣赏丛书——聂耳音乐作品》，湖南文艺出版社 2003 年

汪毓和编著《中国近现代音乐史 近代部分》，高等教育出版社 2005 年

贺绿汀《回忆三十年代的聂耳》，载于《上海歌声》1982 年

于伶、孟波、郑君里《电影文学剧本聂耳》，上海文艺出版社 1959 年

许幸之《重映〈风云儿女〉的几个感想》，载于《人民日报》1957 年 12 月 26 日

许道明、沙似鹏《中国电影简史》，中国青年出版社 1990 年

玉溪市艺术创作研究所聂耳研究室《聂耳音乐作品集》，远方出版社 2004 年

玉溪市地方志办公室《聂耳资料专辑——纪念聂耳逝去五十周年》，1985 年

玉溪市图书馆编《人民日报上的聂耳》，云南人民出版社 2008 年

玉溪市聂耳故居说明书

昆明市聂耳纪念室说明书

金彩霞、周祥龙主编《国旗国歌国徽国都知识问答》，南京大学出版社 2009 年

存文学、冯德胜《聂耳——从云南大山走出来的音乐大师》，云南人民出版社 1999 年

崎松主编《国魂聂耳》，远方出版社 2003 年

崎松《三谈聂耳的族谱家谱和年谱》，载于云南聂耳音乐基金会编《基金会会刊》2008 年总第 4 期

崎松《聂耳研究杂谈》，载于云南聂耳音乐基金会编《基金会会刊》2007 年总第 3 期

崎松《聂耳之路》，云南民族出版社 2006 年

崎松《凡谱拾贝》，云南民族出版社 2008 年

崎松主编《国魂颂——纪念聂耳散文集》，云南民族出版社 2008 年

时影编著《民国电影》，团结出版社 2005 年

上海市黄埔剧场说明书

上海市国歌展示馆说明书

《上海陈年往事》，载于《新民晚报·上海珍档》选粹，上海辞书出版社2007年

朱天纬编《中国电影百年经典歌曲》，人民音乐出版社2005年

孙继南《黎锦晖与黎派音乐》，上海音乐出版社2007年

中央音乐学院中国音乐研究所《聂耳专辑》（内部资料）全三册，1963—1964年

中共玉溪市委宣传部、玉溪市文化局编《百年聂耳——纪念聂耳诞辰百周年》，云南出版集团公司云南美术出版社2012年

中国音乐词典编辑部编《中国音乐词典》，人民音乐出版社1984年

中国艺术研究院《传记文学》2012年5月号、10月号

中国大百科全书出版社编辑部编《中国大百科全书》，中国大百科全书出版社1989年

中国电影出版社编辑部主编《中国电影年鉴——中国电影百年特刊》，中国电影出版社2005年

丁言昭《安娥传——〈渔光曲〉的人生旋律》，中国青年出版社2013年

张向华《田汉年谱》，中国戏剧出版社1992年

赵士荟《寻访老影星》，学林出版社2008年

陈一萍编《中国早期电影歌曲精选》，中国电影出版社2000年

陈志昂《抗战音乐史》，黄河出版社2005年

陈祖恩《上海的日本文化地图》，上海锦绣文章出版社2010年

陈播主编《中国左翼电影运动》，中国电影出版社1992年

陈播主编《中国电影编年纪事》，中央文献出版社2005年

沈寂《一代艺人——阮玲玉》，陕西人民出版社1985年

田汉《影片〈风云儿女〉和〈义勇军进行曲〉》，载于《大众电影》

1957年第19期

田申《我的父亲田汉》，辽宁人民出版社2004年

杜宣《芳草梦》，学林出版社1994年

董健《田汉》，中国华侨出版社1999年

聂耳、冼星海学会编《永生的海燕——聂耳·冼星海纪念文集》，人民音乐出版社1987年

聂耳国际文化促进会编《聂耳百年》，长城出版社2013年

聂子明、聂叙伦《回忆我们的四弟聂耳》，载于《人民音乐》1955年10月号

方全林《田汉 中国话剧的奠基人》，上海教育出版社1999年

杨金福编著《上海电影百年图史1905—2005》，文汇出版社2006年

刘琼《聂耳——匆匆却又永恒》，大象出版社2002年

刘习良主编《歌声中的20世纪 百年中国歌曲精选》，中国国际广播出版社1999年

刘平《戏剧魂——田汉评传》，中央文献出版社1998年

刘平《田汉——中国话剧的奠基人》，上海教育出版社1999年

刘平《中日现代演剧交流图史》，生活·读书·新知三联书店2012年

廖静文《徐悲鸿传——我的回忆》，中国青年出版社2010年

林缦、李子云编撰《夏衍谈电影》，中国电影出版社1993年

日文图书

青森県近代文学館『秋田雨雀展 日本社会の良心として生きたい』，2002年

秋田雨雀『雨雀自伝』，新評論 1953 年

秋山峰生『日中友好と聶耳の生涯』，日本中国友好協会神奈川県連合会 1985 年

安部知二『北京』，『安部知二作品集』第一巻，河出書房 1952 年

飯塚朗『浜朝顔』，『たった一人の突堤』，沖積舎 1985 年

石子順『中国映画の散歩』，日中出版 1982 年

石子順『中国明星物語』，社会思想社 1995 年

石子順『中国映画 明星物語 一条の光芒』1.—25，『日中友好新聞』2014 年 1 月 5 日号—10 月 5 日号

石島記之『雲南と近代中国 周辺の視点から』，青木書店 2004 年

伊藤恵子『革命と音楽——ロシア・ソビエト音楽文化』，音楽之友社 2002 年

色川大吉『昭和史 世相編』，小学館 1990 年

岩崎昶『映画の芸術』，協和書院 1936 年

岩崎昶『日本映画私史』，朝日新聞社 1977 年

岩崎富久男『一九三〇年代の"抗日救亡文化"——聶耳と抗日救亡歌曲運動』，『明治大学人文科学研究所紀要』第 44 冊，1999 年

岩崎富久男『聶耳小伝——中国国歌作曲者の生涯』，『明治大学教養論集』通巻 77 号，1973 年

岩崎富久男『中国の新国歌とその作曲者——第五期全人大によせて聶耳を想う』，『中国研究月報』，中国研究所 1978 年 5 月号

岩野裕一『王道楽土の交響楽』，音楽之友社 1999 年

岩本憲児編『映画と"大東亜共栄圏"』，森話社 2004 年

ウィトケ、ロクサーヌ／中嶋嶺雄、宇佐美滋訳『江青』全一冊，パシフィカ 1977 年

臼井勝美『満州事変　戦争と外交と』，中公新書 1974 年

臼井勝美『新版　日中戦争——和平か戦線拡大か』，中公新書 2000 年

内田知行『抗日戦争と民衆運動』，創土社 2002 年

NHK 取材班編『日本の選択 2　魔都上海　十万の日本人』，角川文庫 1995 年

NHK 取材班編『日本の選択 7 "満州国" ラストエンペラー』，角川文庫 1995 年

NHK 取材班編『日本の選択 8　満州事変　世界の孤児へ』，角川文庫 1995 年

榎本泰子『楽人の都　上海』，研文出版 1998 年

榎本泰子『中国国歌を知っていますか——"君が代"を考えるために』，『未来』1999 年 9—10 月号

榎本泰子『歴史は歌う』、臼井隆一郎　高村忠明編『記憶と記録』シリーズ言語態 4，東京大学出版会 2001 年

榎本泰子『上海オーケストラ物語——西洋音楽家たちの夢』，春秋者 2006 年

遠藤憲昭　葦原邦子編『流行歌と映画でみる昭和時代 II』，国書刊行会 1986 年

黄尊三著『さねとうけいしゅう』、佐藤三郎訳『清国人日本流学日記』，東方書店 1986 年

大杉一雄『日中十五年戦争史』，中央新書 1996 年

岡崎雄児『中華人民共和国国歌の成立過程研究』，『東北公益文科大学総合研究論集』第六号，2003 年 12 月

岡崎雄児『中国国歌作曲者　聶耳と日本』（上、下），『中京学院大学研究紀要』2009 年 3 月、10 月

岡崎雄児『"偉人かくあるべいき"を越えて——〈増訂版聶耳全集〉』,『東方』,東方書店 2012 年 8 月号

尾崎宏次編『秋田雨雀日記』全五巻,未来社 1967 年

夏衍／阿部幸夫訳『上海に燃ゆ——夏衍自伝』,東方書店 1989 年

夏衍『初期の映画製作に関するわが回想』,東京国立近代美術館フィルムセンター編『フィルムセンター 84 号 中国映画の回顧 1922—1952』,1985 年

郭沫若／岡崎俊夫訳『抗日戦争回想録』,中央公論社 2001 年

加藤陽子『それでも日本人は"戦争"を選んだ』,朝日出版社 2009 年

加藤陽子『日本近現代史⑤ 満州事変から日中戦争へ』,岩波新書 2007 年

門間貴志『アジア映画に る日本 1 中国 香港 台湾編』,社会評論社 1995 年

川島真『中国近現代史② 近代国家への模索』,岩波新書 2010 年

河田宏『満州建国大学物語——時代を引き受けようとした若者たち』,原書房 2002 年

木之内誠編著『上海歴史ガイドマップ増補改訂版』,大修館書店 2011 年

許広平／安藤彦太郎訳『暗い夜の記録』,岩波新書 1955 年

ギラン、ロベール／三保本訳『ゾルゲの時代』,中央公論社 1980 年

鵠沼を語る会編集、発行,『鵠沼』第 85 号,2002 年 10 月 31 日

栗原悟『雲南の多様な世界』,大修館書店 2011 年

厳家祺、高皋／辻康吾監訳『文化大革命十年史』下,岩波書店 1996 年

見城悌治『近代の千葉と中国留学生たち』千葉学ブックレット,千

葉日報社2009年

　　小島晋治、丸山松幸『中国近現代史』，岩波新書1986年

　　小谷一郎、佐治俊彦、丸山昇編『転形期における中国の知識人』，汲古書院1999年

　　小林文男『日中関係への思考』，勁草書房1993年

　　胡風/南雲智監訳『胡風回想録——隠蔽された中国現代文学史の証言』，論創社1997年

　　斉藤孝治『聶耳——閃光の生涯』，聶耳刊行会1999年

　　佐々木高明『照葉樹文化の道——ブータン　雲南から日本へ』，日本放送出版協会1982年

　　サージェント、ハリエット/浅沼昭子訳『上海——魔都一〇〇年の興亡』，新潮社1996年

　　佐藤忠男『映画で世界を愛せるか』，岩波新書1989年

　　佐藤忠男『わが映画批評の五〇年——佐藤忠男評論選』，平凡社2003年

　　佐藤忠男『キネマと砲聲』，岩波現代文庫2004年

　　佐藤忠男『中国映画の一〇〇年』，二玄社2006年

　　佐藤忠男『草の根の軍国主義』，平凡社2007年

　　佐藤忠男、刈間文俊『上海キネマポート』，凱風社1985年

　　さねとうけいしゅう『中国人日本留学史』，くろしお出版1960年

　　さねとうけいしゅう『中国留学史談』，第一書房1981年

　　周一川『中国人女性の日本留学史研究』，国書刊行会2000年

　　週間朝日編『値段史年表　明治　大正　昭和』，朝日新聞社1988年

　　『女優　黎莉莉　上海映画を語る』，東京国立近代美術館フイルムセンター編『フイルムセンター91号，孫瑜監督と上海映画の仲間たち

中国映画の回顧』1992 年

人民中国雑誌社編『わが青春の日本——中国知識人の日本回想』，東方書店 1982 年

鈴木常勝『大路——朝鮮人の上海電影皇帝』，新泉社 1994 年

スノー、エドカー／梶谷善久訳『極東戦線エドカー　スノー著作集 1』，筑摩書房 1973 年

スメドレー、アグネス／高杉一郎訳『中国の歌声』，みすず書房 1972 年

瀬戸宏『中国演劇の二十世紀——中国話劇史概況』，東方書店 1999 年

孫玄齡／田畑佐和子訳『中国の音楽世界』，岩波新書 1990 年

高木和男『鵠沼海岸百年の歴史』第二追補版、私家版，1989 年

高木和男『踏み拓いた峠——葉山又三郎とふゆ子の記録』，菜根出版 1993 年

高杉一郎『大地の娘——アグネス　スメドレーの生涯』，岩波書店 1988 年

高網博文『〈国際都市〉上海のなかの日本人』，研文出版 2009 年

竹内実、村田茂編『ひとびとの墓碑銘』，霞山会 1983 年

武田勝彦『松本亀次郎の生涯——周恩来　魯迅の師』，早稲田大学出版部 1995 年

田中秀雄『映画に見る東アジアの近代』，芙蓉書房 2002 年

團伊玖磨『降ってもパイプのけむり』，朝日新聞社 1994 年

筑紫哲也『ニュースキャスター⑧』，『青春と読書』，集英社 2001 年 11 月号

中国音楽研究会編『新中国の音楽』，飯塚書店 1956 年

塚本誠『ある情報将校の記録』，中公文庫 1998 年

程季華主編 / 森川和代編訳『中国映画史』，平凡社 1987 年

テレビ東京編 / ききて　三国一朗『証言　私の昭和史①昭和初期』，文春文庫 1989 年

東亜学校『東亜学校十周年記念』，1935 年

友寄貞丸『雲南哀紀行』，愛育社 2008 年

鳥居龍蔵『中国の少数民族地帯をゆく』，朝日新聞社 1980 年

中薗英助『何日君再来物語』，河出文庫 1993 年（新版：七つ森書館 2012 年）

中西切『中国革命の嵐の中で』，青木書店 1974 年

中村正則　森武麿編『年表　昭和　平成史』，岩波書店 2012 年

聶耳記念碑保存会作成パンフレット，1980 年

聶叙倫 / 山本章訳『少年時代の聶耳』，聶耳記念碑保存会 1984 年

西村雄一郎『映画でクラシック！』，新潮社 2007 年

日華学会『日華学会二十年史』，1939 年

葉山峻『聶耳物語』，聶耳記念碑保存会 1989 年

葉山峻『洗濯板のサーファー』，毎日新聞社 1983 年

葉山峻『語りかける言葉──パワフル市長の人間讃歌』，有隣堂 1987 年

葉山峻『都市文化論』，日本評論社 1982 年

半藤一利『昭和史』，平凡社 2004 年

福本和夫『聶耳の記念碑』，『改造』1954 年 12 月号

藤井昇三『新　魯迅のすすめ』NHK 人間講座，日本放送出版協会 2003 年 2、3 月号

藤沢市観光協会『江の島海水浴場──開設一〇〇周年記念誌』，1986 年

前田哲男『新訂版　戦略爆撃の思想——ゲルニカ　重慶　広島』，凱風社 2006 年

丸山昇『上海物語——国際都市上海と日中文化人』，講談社学術文庫 2004 年

村松一弥『中国の音楽』，勁草書房 1965 年

山口淑子　藤原作弥『李香蘭　私の半生』，新潮文庫 1990 年

山室信一『キメラ　満州国の肖像』，中公新書 1993 年

楊克林編／樋口裕子　望月暢子訳『中国文化大革命博物館』下，柏書房 1996 年

吉田進『ラ　マルセイエーズ物語』，中公新書 1994 年

劉文兵『映画の中の上海——表象としての都市　女性　プロパガンダ』，慶応義塾大学出版会 2004 年

电视节目

藤沢市製作／テレビ神奈川放映『ニエアル（聶耳）物語』，1986 年 2 月 1 日

テレビ朝日日中国交正常化二十周年記念特別番組『聶耳——歌で中国を変えた天才作曲家　謎の死』，1992 年 9 月 28 日

电影 DVD

《火山情血》，联华影业公司制作 1932 年，辽宁文化艺术音像出版社

《母性之光》，联华影业公司制作1933年，齐鲁音像出版社

《小玩意》，联华影业公司制作1933年，大连音像出版社

《体育皇后》，联华影业公司制作1934年，齐鲁音像出版社

《大路》，联华影业公司制作1934年，大连音像出版社

《渔光曲》，联华影业公司制作1934年，大连音像出版社

《桃李劫》，电通影业公司1934年，陕西文化音像出版社

《新女性》，联华影业公司制作1935年，陕西文化音像出版社

《风云儿女》，电通影业公司1935年，陕西文化音像出版社

《聂耳》，上海电影制片厂1959年，贵州东方音像出版社

《人之初》，中国儿童电影制片厂1992年（YouTuBe）

《国歌》，潇湘电影制片厂1999年，潇湘电影制片厂影像传播公司

音乐资料

《聂耳全集》增订版上卷（音乐编）附录CD，2012年

《义勇军进行曲》录音珍版典藏CD，中国唱片上海公司2009年

《聂耳音乐作品选》纪念人民音乐家聂耳诞辰百周年CD，国歌展示馆2012年（非卖品）

后 记

十几年前我就立志撰写此书,时至今日才得以完成初衷。2012年聂耳100周年诞辰之际,我本想以此书作为献礼,但是却没来得及完成写作。这一年中增订版《聂耳全集》出版了,我有机会看到许多新材料,算是不幸中的万幸吧。我花了两年时间阅读新材料,同时反复提炼构思。我身处21世纪的日本,而我的思绪悠悠,缥缈于20世纪30年代中国和日本的上空。

20世纪30年代前半期,日本因世界经济危机恐慌,军国主义抬头,被国际社会所孤立。而在中国,完成北伐后的蒋介石国民政府深陷泥沼,遭受两方面的进攻,一是1931年"九·一八"事变后日军侵略日渐露骨,二是中国共产党势力日渐增长。聂耳生活在那样的时代,而且他的逝去已经距离我们80年,对他业绩与形象的看法自然有所刷新。我认为1992年出版的王懿之著《聂耳传》这部传记值得信赖,然而此书距离我们也20多年了。中国的改革开放政策为重新审视历史研究、人物研究改善了大环境,延伸到聂耳,那么一直闪闪发光的"伟大的革命音乐家"也可以回到真实。为此，我们依赖研究动向的变化，积极运用新材料，使本书呈现出新的事实与新的解释：

一、死亡的真相，可以完全否定长期以来存在的"被日本政府谋杀"之说法。

二、失恋的真相，为了不损坏"伟大的革命音乐家"形象，尽管有同时代多人证言，却隐瞒恋爱破裂的事实。通过调查聂耳日记及信件，可以证明两人关系疏远的原因在于彼此复杂的心境。

三、一直以来，聂耳被描绘为品行端正严谨，拥有完美人格的青年，但他也有符合这个年龄段青年男子的直率行为。

以上新观点有助于完整复原聂耳的真实形象，如对中日之间相互理解及改善关系有些许益处，笔者将不胜荣幸。

本书之执笔受到多方帮助，再次深表谢意。

首先我要感谢中国艺术研究院音乐研究所研究员、编辑新旧两版《聂耳全集》的向延生先生，他不仅面授教诲，而且每每迅速答复我发出的电子邮件，为解释"真实的聂耳"提供了重要帮助。其次要感谢玉溪的聂耳研究学者崎松（本名刘本学），我访问玉溪及崎松赴日时，我们多次见面交谈，崎松先生给我提供许多著述及资料，使我受益匪浅。我还得到聂耳侄女聂丽华女士的儿子曹京沧先生（聂耳国际文化促进会执行会长）赠送的贵重书籍；天津作家谷应女士访日时，将改编自她的作品、描绘聂耳少年时代的电影《人之初》录像带及资料馈赠予我；我在收集资料的初期，曾经叨扰上海的苑宝春先生。另外，我还要感谢中国国家图书馆、上海图书馆的工作人员，上海市中国国歌展示馆以沈雄峰馆长为首的各位馆员，玉溪市聂耳公园内聂耳纪念馆及聂耳音乐广场中聂耳纪念馆的各位馆员，他们尽心尽力地帮助我检索收集资料。

日本方面，我要感谢住在藤泽市的明治大学名誉教授岩崎富久男先生,他是日本最早写文章介绍聂耳生平的人。东京都立中央图书馆、中国研究所图书馆、东京国立近代美术馆影像中心均为我提供帮助。另外我还在"现代中国电影上映会"上观看了20世纪30年代的上海电影,这些电影配有日文字幕,这对中文马马虎虎的我来说如获至宝。

最后,我要感谢新评论出版社老板武市一幸先生,如今出版业每况愈下,加上中日关系冷淡,他排除困难出版了这本与中国相关的书籍,担任编辑的吉住亚矢女士为此付出辛勤劳动。我谨向以上各位致以深切的谢意。

冈崎雄儿
2015年聂耳逝世80周年之初夏
聂耳逝世之地鹄沼海岸附近的寓所